# BOX
## in Digital Transformation

Full Colored Edition

**Ali Khiabanian**

Translater: R. Chadorkafouri

Editor: Negin Hosein Alizadeh

Cover design: Ali Khiabanian

**Ali Khiabanian © 2018**
All Rights Reserved
All rights reserved. No part of this book may be reproduced or transmitted in any form or by any means, electronic or mechanical, including photocopying and recording, or by any information storage and retrieval system, without permission in writing from the author.

Title: Box in digital transformation (Full Colored Edition)
Author: Ali Khiabanian,
Translator (from Persian): Chadorkafouri, R.
ISBN: 978-1939123763
Publisher: Supreme Century, Los Angeles, CA
Prepare for Publishing: Asan Nashr
www.ASANASHR.com

**Dedicated to two people full of goodness and creativity**

**Nur Çağlar & Adnan Aksu**

During the last ten years, I reviewed my plans and thoughts for many times, designed again and again, changed and developed the previous designs. Then prepared faint-colored copies of the sketches and Worked on them one more time. I began to re-write what I published before. Learning different techniques and tools especially in the field of digital design, I promoted my recognition from my past works and still continue doing it. This book can be presented as a result of such attitude, i.e. reviewing of my works and events of world of architecture.

Whenever a work is repeated, a different result will come out if it is done with a creative attitude. As a designer, I always was wondering why boxes are playing a more significant role in the world of architecture and design and how they are still stable in architecture in spite of several mental and technological variations and why they encountered few specific, repetitive and anticipatable changes. Still, when we talk about skyscrapers, most people think about a glass cube. When we want to design a residential apartment, it normally starts with a box so we work on a box. In spite of existence of creative and variable ideas, plans and concepts designed and experienced in authentic universities by creative and avant-garde architects all over the world, why few changes are observed in viewpoint of architects, people and those involved in construction profession? Why do such people enjoy from watching a spatial city or a ship made of strange volumes in a fiction movie? Why are they excited? Why do they tell it to each other while they, themselves, live and work inside inanimate boxes? Why do changes or effects in architecture progress slowly while the avant-garde ideas are being put in practice in technology, cinema, medicine, etc.?

**Why such slow, such late and such unbelievable?**

Box means a logical, static, specific and inflexible thought enslaved man in different dimensions of life. It should be mentioned that box has not any problem by itself. The problem is the form or thought dominates our design or thought method, i.e. to imprison ourselves in a framework, do not pay attention to what is beyond us, being forced not to think about what is beyond us, and do not take any action. This includes different dimensions of life at different societies. Although most people suffer from routine, repetitive and erosion, some societies are more flexible against it. We enjoy less from life and we do not trust to what we have. I hope I can deal with it more in another anthology. When I passed simple combinations which are familiar to all and knew boxes more, feel enthusiastic to continue the experience to move beyond it, to convert its restrictions and static to a chance to creativity and dynamism, and to try to suspend, move and make it flexible in design and compare it with other forms. It required a dynamic, adventurous, criticizing and creative thought, a thought which is not satisfied to what it has and passes beyond the borders.

In this anthology, challenged my architectural conception and creativity borders, repeated many times the samples of works of different art and architecture universities, especially sculpture, and what studied in the books on "recognition of form and space" in form of architectural design and form, sketched and studied their design and though method, created my experiences in a new form with a new attitude, and added my story to previous works. Hope this book can emphasize on a creative and dynamic thought to use what we have not as holy and unchangeable signs rather as opportunities to change and evolve and use our mental box as an excuse to pass the borders beside endeavors and works of artists and thinkers of different fields.

Ali Khiabanian
Email: ali_khiabanian@yahoo.com
Website: www.iduarchitects.com
Instagram: iduarchitects

در طی ده سال گذشته بارها و بارها طراح‌ها و اندیشه‌های خود را مرور کرده‌ام، دوباره طراحی کرده‌ام، تغییر یا توسعه داده‌ام، از اسکیس‌هایم کپی کم رنگی گرفته و از نو روی آنها کار کرده‌ام. دوباره نوشته‌ام آنچه را که قبلا منتشر کرده بودم. با یادگیری ابزار و تکنیک‌های مختلف به ویژه در زمینه طراحی دیجیتال، شناختم را از کارهای گذشته‌ام بیشتر کردم و اکنون نیز ادامه می دهم. این کتاب ثمره چنین نگرشی است؛ بازبینی کارهای خودم و اتفاقات دنیای معماری.

هر بار که کاری را تکرار می‌کنیم اگر با بینشی خلاقانه انجامش دهیم حتما نتیجه کار متفاوت از قبل خواهد بود. سوال اصلی برای من این بود که چرا مکعب‌ها نقش بسیار پر رنگی در معماری دنیا دارند و با اینهمه تغییرات فکری و تکنولوژیکی در معماری هنوز پابدارند و دستخوش کمترین تغییرات شده‌اند؛ تغییراتی مشخص، تکراری و قابل پیش بینی. هنوز وقتی از آسمان خراش صحبت می‌کنیم مکعبی شیشه‌ای به ذهن اکثر مردم خطور می کند. وقتی می خواهیم آپارتمانی مسکونی طراحی کنیم حجم غالب ما مکعب است. واقعا چرا با وجود ایده‌ها، طرح‌ها و کانسپت‌های متنوع و خلاقانه که در دانشگاه های معتبر دنیا و توسط معماران آوانگارد و خلاق طراحی و تجربه می شوند، شاهد تغییرات اندکی بر نوع نگاه معماران، مردم و دست اندرکاران حرفه ساخت و ساز هستیم؟ چرا همین مردم محو تماشای شهر فضایی یا سفینه‌ای با حجم‌هایی عجیب و غریب در فیلمی علمی تخیلی می شوند؟ هیجان زده می شوند؟ برای همدیگر تعریف می کنند؟ و در مقابل، خود در داخل مکعب‌هایی بی روح زندگی و کار می‌کنند. چرا تغییرات یا تاثیرات در عرصه معماری کند پیش می رود و بر عکس در تکنولوژی، سینما، پزشکی و ... شاهد عملی شدن ایده‌هایی پیشرو هستیم.

**چرا اینهمه کند و دیر و باورناپذیر؟**

مکعب مصداق تفکر منطقی، ایستا، مشخص و خشکی است که بشریت را در ابعاد مختلف زندگی اسیر خود کرده‌است. باید بگویم که مکعب به خودی خود مشکلی ندارد، اینکه فرم یا تفکری مسلط بر شیوه طراحی یا تفکر ما شود ایراد دارد. اینکه خود را در چهارچوبی حبس کنیم و به فراتر از خود توجهی نکنیم و یا مجبور باشیم به فراتر از آن نیندیشیم یا اقدام نکنیم. این موضوع شامل ابعاد مختلف زندگی در جوامع مختلف می‌شود، حال در برخی جوامع یا در مواردی با انعطاف بیشتری با آن برخورد می کنند وگرنه اکثر مردم دچار روزمرگی و تکرار و فرسایش‌اند! از زندگی کمتر لذت نمی بریم، به داشته هایمان بی اعتمادیم و ... که امیدوارم در مجموعه‌ای دیگر بیشتر به این موضوع بپردازم.

در روند کار از ترکیبات ساده و آشنا برای همه که عبور کردم و شناخت بیشتری از Box بدست آوردم اشتیاقم برای ادامه این تجربه بیشتر شد تا به فراتر از آن حرکت کنم. محدودیت‌های آنرا به امکانی برای خلاقیت و ایستایی آنرا به پویایی تبدیل کنم. برای تعلیق و حرکت و انعطافش در طراحی و تطبیق با سایر فرم ها بکوشم. مستلزم این کار داشتن تفکری پویا، جستجوگر، منتقد و در عین حال خلاق بود. تفکری که به آنچه دارد بسنده نمی‌کند و مرزها را توسعه می‌دهد.

در این مجموعه مرزهای خلاقیت و فهم معماری خود را به چالش کشیده ام! کارهای قبلی خودم، نمونه هایی که از فعالیت دانشگاه های مختلف هنر و معماری، به ویژه مجسمه سازی دیده و در کتاب‌های شناخت فرم و فضا مطالعه کرده‌ام را بارها و بارها در قالب طرح و فرم معماری برای خودم تکرار کردم. اسکیس زدم، بر روی شیوه طراحی و تفکر طراح آن مطالعه کردم و آموخته‌هایم را در قابلی جدید خلق کردم آنهم با نگرشی جدید و روایتی از خودم که به کارهای قبلی اضافه شدند. امیدوارم این کتاب در کنار تلاش و کارهایی که هنرمندان و متفکرین در عرصه های مختلف انجام می دهند، تاکیدی باشد بر تفکر خلاق و پویا تا آنچه که در اختیار ما است را نه به عنوان آیاتی مقدس و غیر قابل تغییر که به فرصت هایی برای تغییر و تکامل استفاده کنیم ومکعب فکری خود را بهانه‌ای برای رفتن به آنسوی مرزها قرار دهیم.

علی خیابانیان

# Chapter 1

**Subtract to make the underneath volume apparent**

A gray cube with horizontal and vertical divisions like simple and white all-glass cube buildings. Initially, horizontal short cubes are subtracted from the white cube. The cubes become gradually longer, big gaps appear on the white cube, and the glass structure emerges. Without using vertical combinations or subtractions, the underneath structure becomes more apparent and strengthens vertical connection of the form only through increasing height of the gaps and moving elements of the white cube to the sides.

تفریق می کنم تا حجم زیرین آشکار شود.

مکعبی خاکستری رنگ با تقسیمات افقی و عمودی شبیه ساختمان های تمام شیشه ای و مکعبی سفید رنگ و ساده. در ابتدا مکعب هایی افقی با ارتفاع کم از مکعب سفید تفریق می شوند. رفته رفته ارتفاع مکعب های بیشتر می شوند و شکاف های بزرگی روی مکعب سفید آشکار شده و سازه شیشه ای بیرون می زند. <u>بدون اینکه از تفریق یا ترکیب های عمودی استفاده شود. تنها با بیشتر کردن ارتفاع شکاف ها</u> و حرکت دادن اجزا مکعب سفید به طرفین، ساختار زیرین بیشتر نمایان شده و ارتباط عمودی فرم را تقویت می کند.

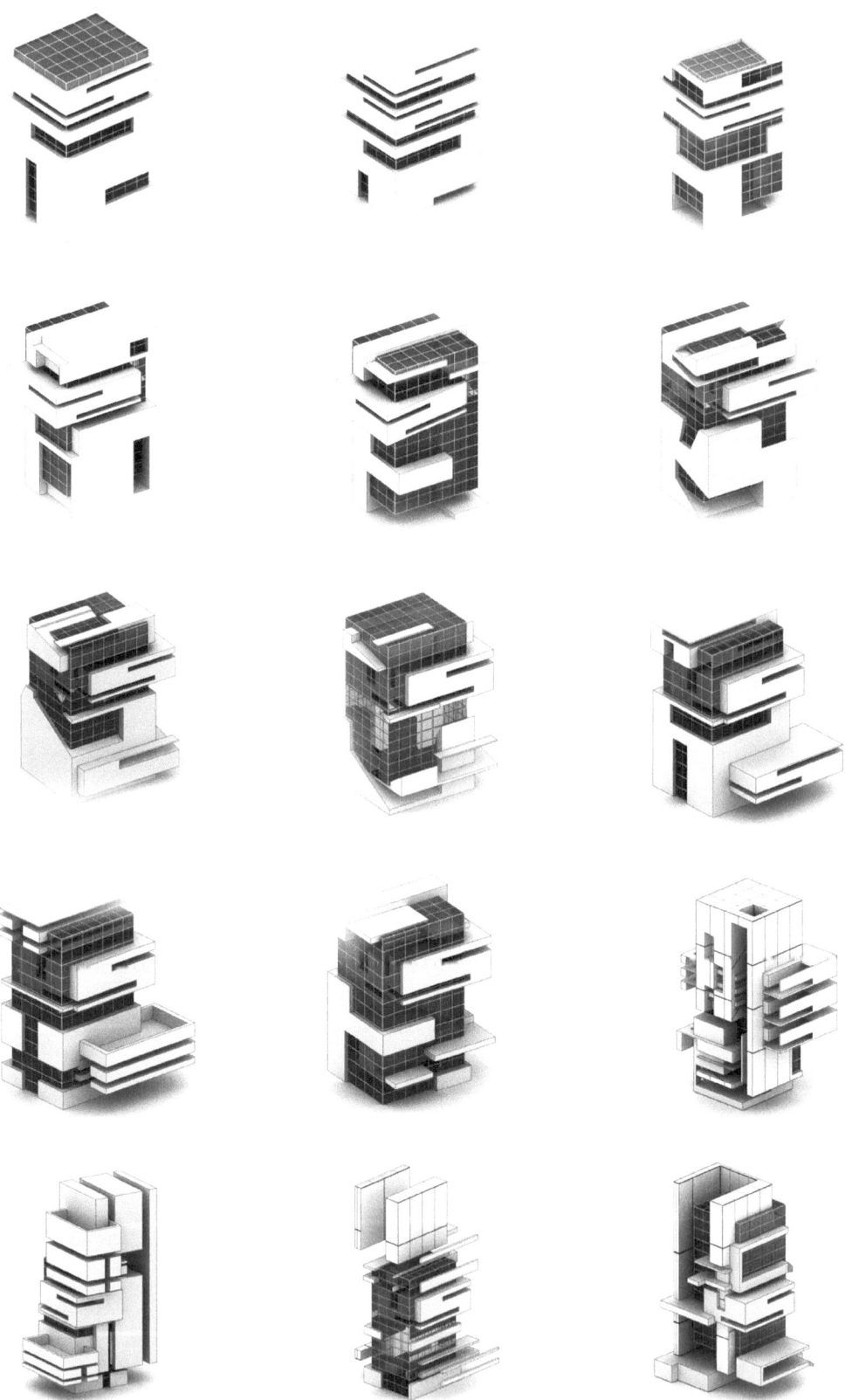

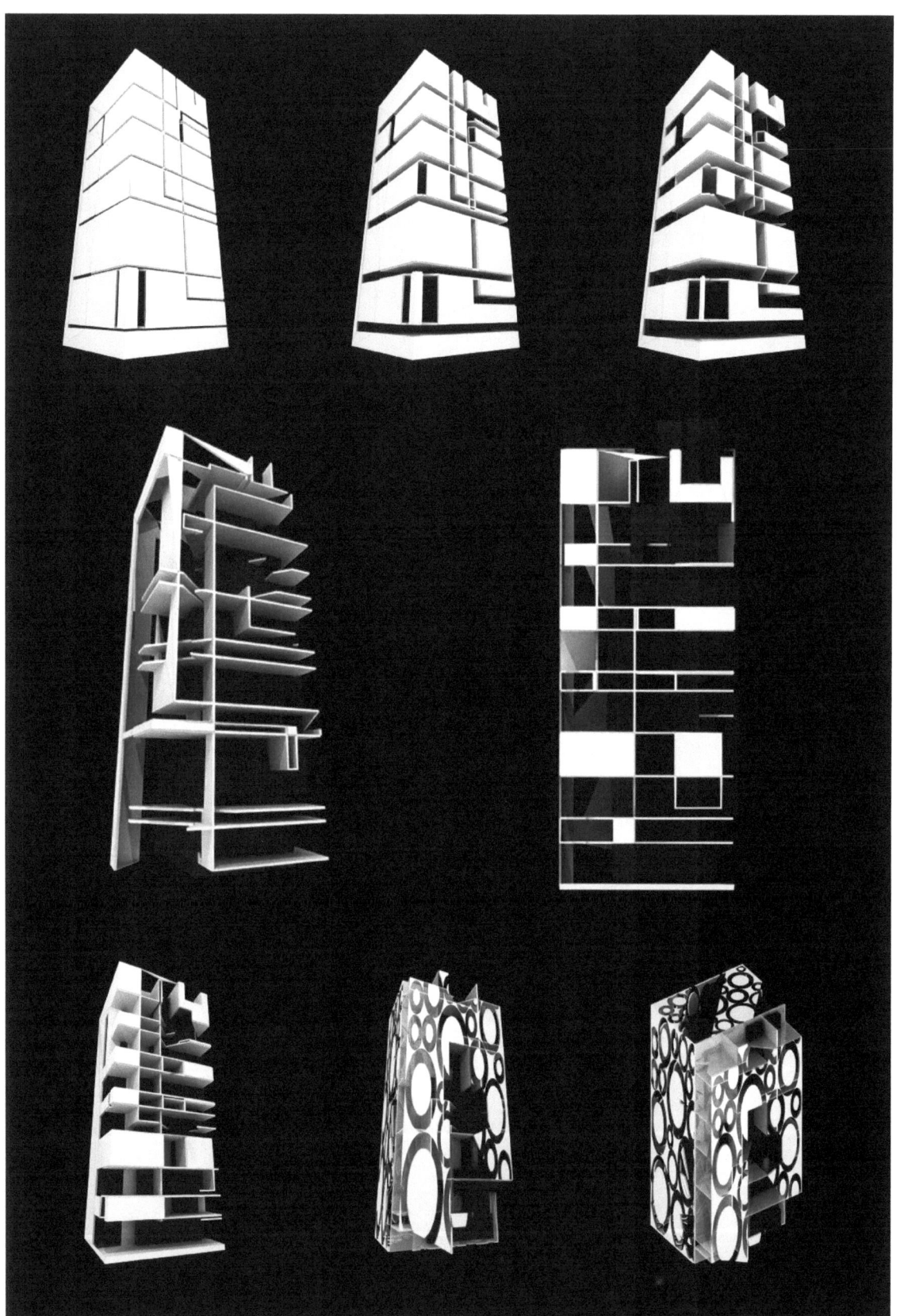

## Continuity

To develop a form, its elements or parts may be selected. Do not engage yourself with the whole volume. Instead, try to be honest to the whole during design process so that combination of the elements indicates to the whole. In this practice, the whole volume is a vertical cube appearing from inner folds of thin white diagrams. Even when Meshsmooth order (the important improver of 3Ds Max software to soften the volumes) is applied and the form changes significantly, the basic cube structure is still recognizable.

As another important point, straight lines may be sometimes used to reach a curved structure.

## تداوم

برای توسعه یک فرم، می توانید اجزاء یا بخش‌هایی از آن را انتخاب کنید. خود را با کل حجم درگیر نکنید و در عوض به هنگام طراحی سعی کنید به آن کل صادق بمانید تا ترکیب اجزاء بیانگر آن کل باشد. حجم کلی در این تمرین، مکعبی عمودی است که از لابلای نموارهای سفید رانگ و نازک خود را نشان می دهد. حتی زمانیکه دستور Meshsmooth (اصلاحگر مهم نرم‌افزار 3ds Max برای نرمیت بخشیدن به احجام به کار می رود.) را اعمال می کنید و فرم تغییر قابل توجهی می یابد باز می توانید آن ساختار اولیه مکعبی را تشخیص دهید.

نکته مهم دیگر اینکه بعضی از اوقات برای رسیدن به ساختاری منحنی، استفاده از خطوط صاف و مستقیم کارمان را آسان می کند.

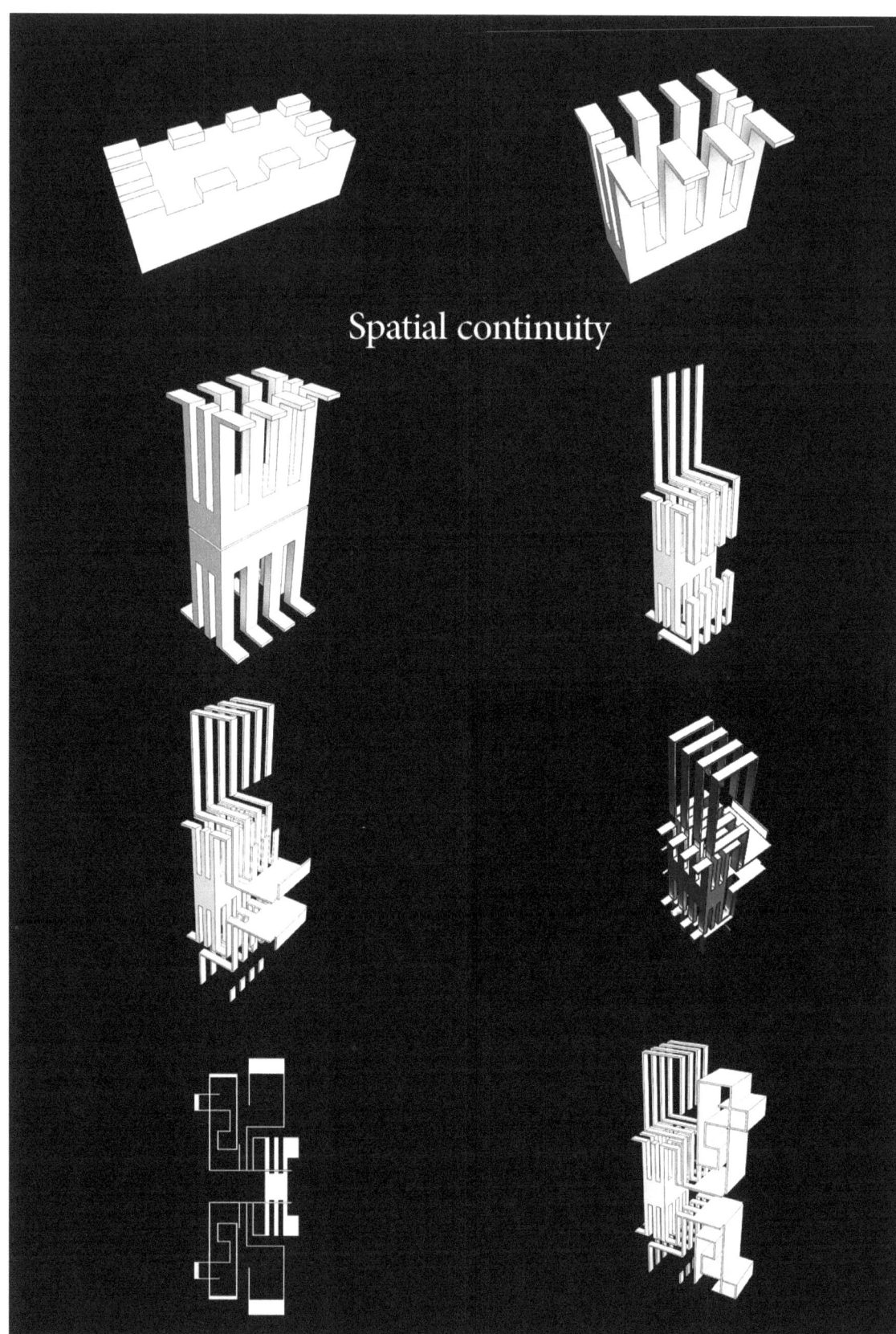

## Spatial continuity

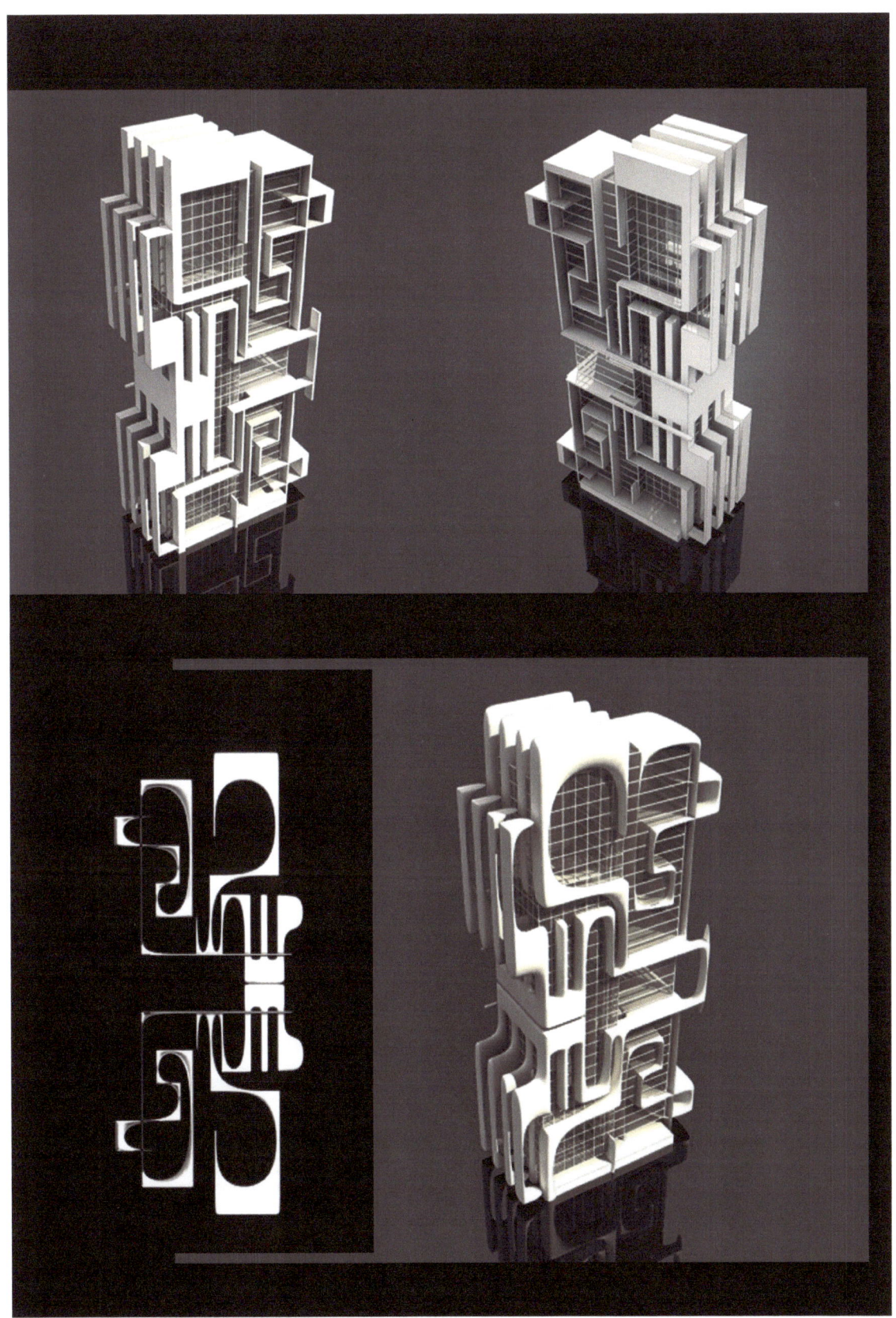

**The elements create the whole and make it meaningful.**

When you encounter with a specific and solid structure or strict regulations and employer not accepting any change in the general structure, begin again. Create the whole again through combining of different elements with a combination of line and surface. Repetition, combination, and changing dimensions of the elements will play a significant role in creation of creative designs. Not afraid of disorder forms. At end of the book and relying on your acquired experience, you will omit the apparently redundant elements or will give them new role like a scrutinized expert. There are five different samples of this practice although they have many in share.

**اجزاء، کل را خلق می کنند و به آن معنا می بخشند.**

زمانیکه با ساختاری مشخص، صلب و کارفرما یا ضوابطی سفت و سخت سروکار دارید که هیچ تغییری در ساختار کلی را نمی پذیرند. دوباره شروع کنید، با ترکیب عناصر مختلف، با ترکیب خط و سطح، آن کل را دوباره خلق کنید. تکرار، ترکیب، تغییر ابعاد و ... عناصر کمک مهمی در آفرینش طرحی خلاقانه خواهند داشت. از شلوغی فرم نترسید، در انتهای کتاب با تجربه ای که بدست خواهید آورد همچون کارشناسی دقیق، عناصر به ظاهر زاید را حذف و یا کارکرد جدیدی به آنها خواهید داد. از این تمرین، 5 نمونه کار شده است که هر کدام در عین مشترکات زیاد با هم متفاوتند.

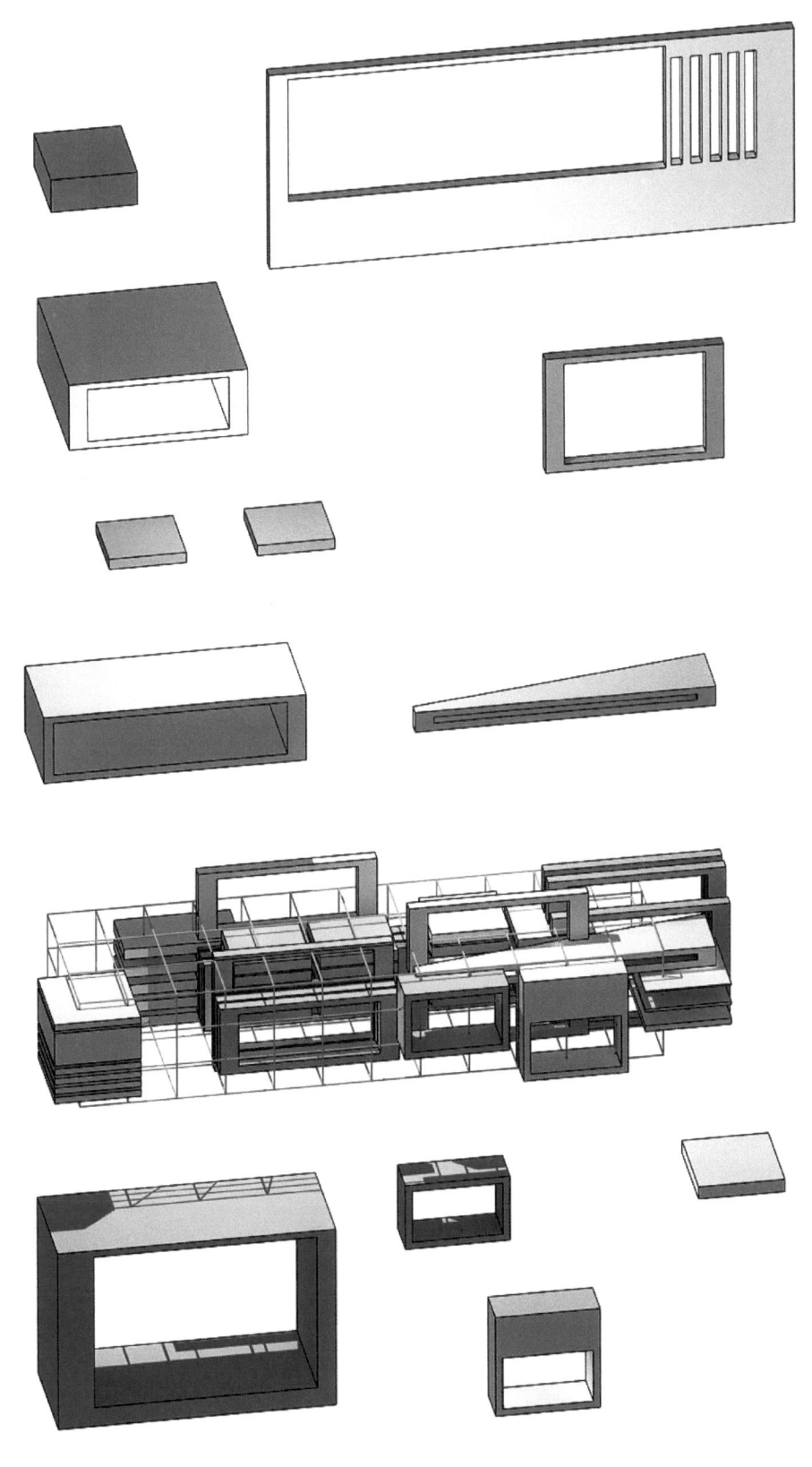

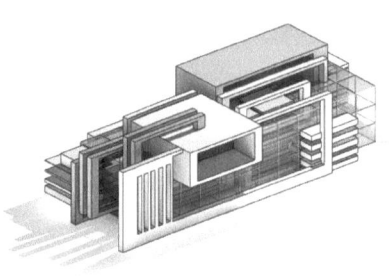
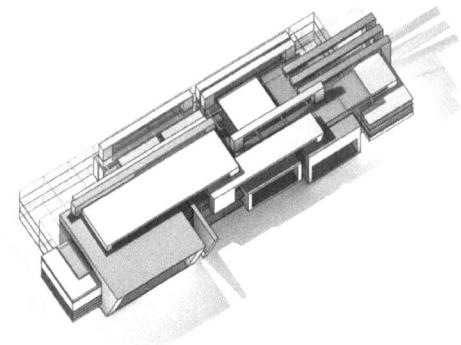

Components make up the whole

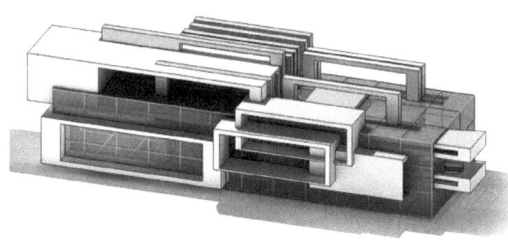

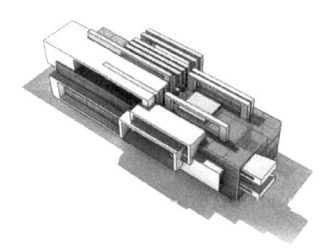
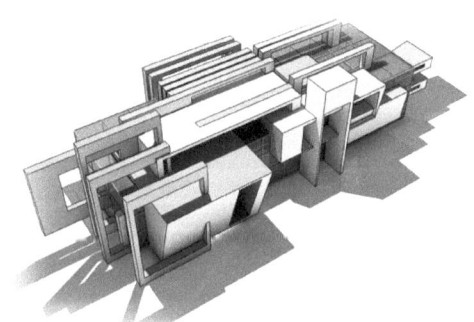

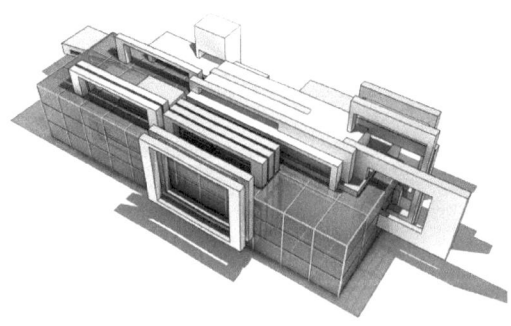
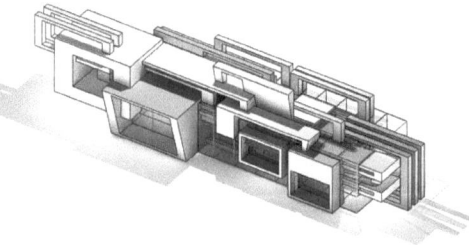

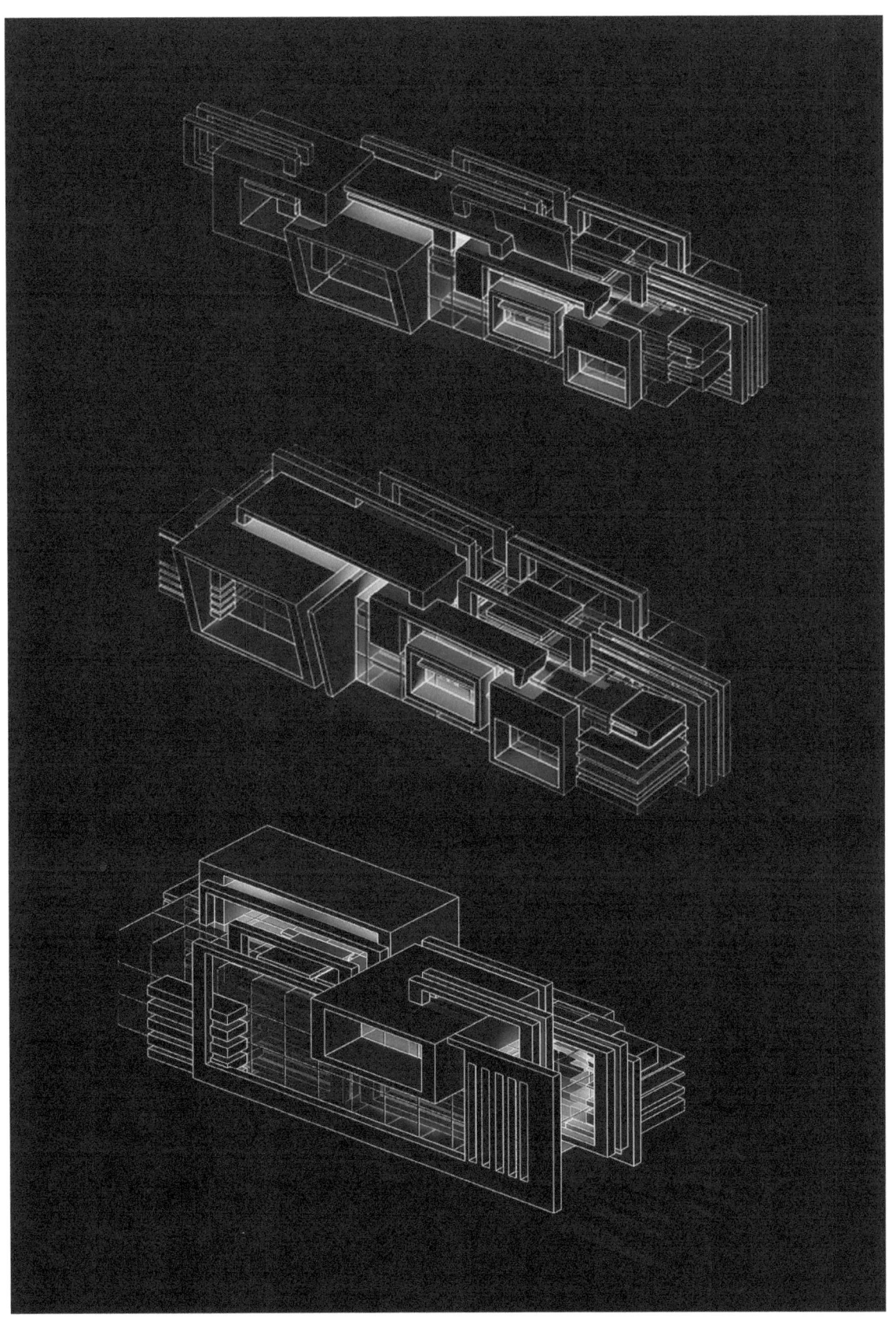

# Crust gaps

We begin with a simple combination of two rectangle cubes. No other element was used to strengthen their connection. I tried to make their connection more strong only using gaps in crust and façade of the building. Horizontal and vertical subtractions and changing the gaps thickness are the techniques experienced in this book. Rotating the gaps, broken surfaces was formed in crust of cubes and architectural form changed suddenly. Imperfection of some broken pieces in two last pictures indicates to imperfection, suspension and waiting to be completed. Being encouraged to change the conventional patterns is an important component in growing of architectural design thought.

شکافت پوسته ها

با ترکیبی ساده از دو مکعب مستطیل آغاز می کنم. هیچ عنصر دیگری برای تقویت ارتباط این دو استفاده نشده و تنها با شکاف هایی که در پوسته و نمای ساختمان انجام می شود، تلاش کردم پیوند آنها را قویتر کنم. تفریق های افقی و عمودی و تغییر ضخامت شکاف ها تکنیکی است که قبلا آنرا در این کتاب تجربه کرده ایم. در این تمرین با دوران شکاف ها، سطوح شکسته ای در پوسته مکعب ها شکل گرفت و حال و هوای فرم معماری به یکباره بسیار تغییر می کند. ناتمامی بعضی از تکه های شکسته در دو عکس آخر تداعی گر ناتمامی و تعلیق و انتظار برای کامل شدن است. جسارت برای تغییر الگوهای معمول، مولفه ای است مهم در رشد تفکر طراحی معماری.

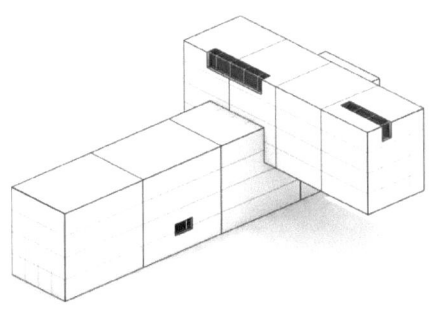
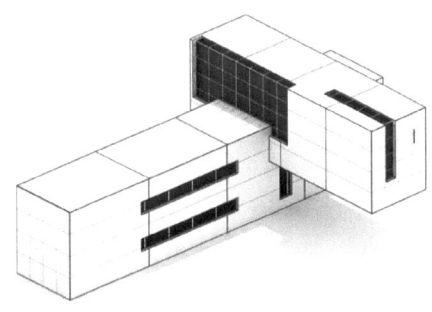
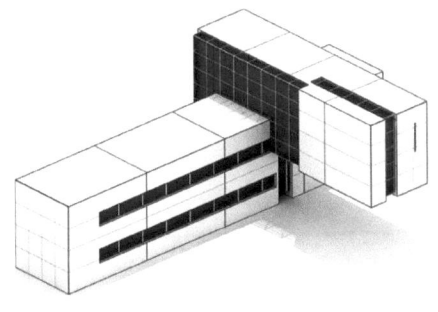
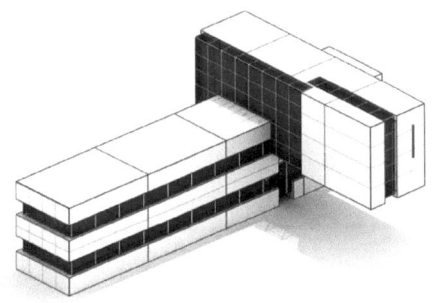
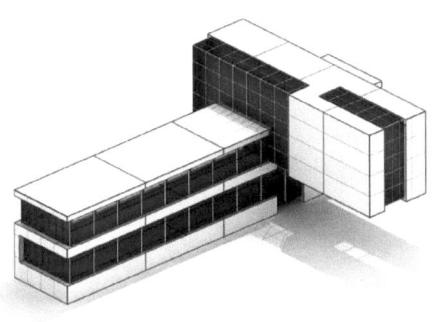
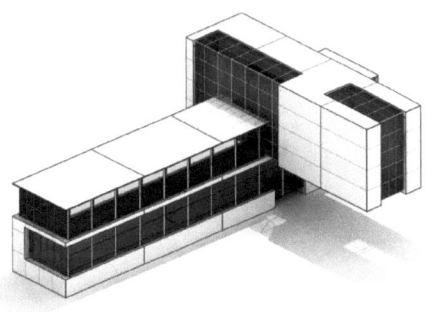
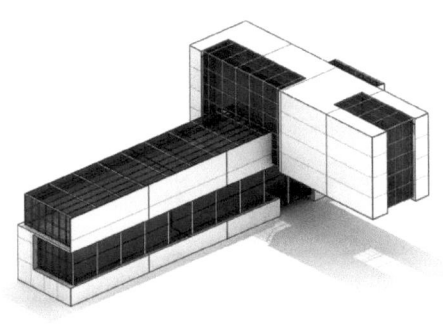
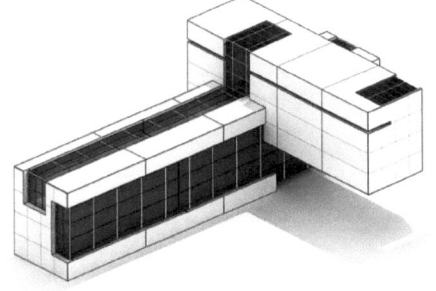

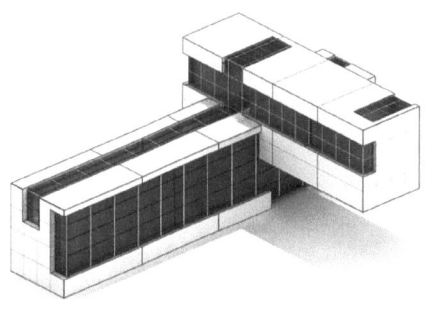
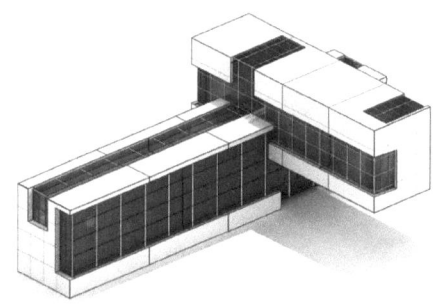
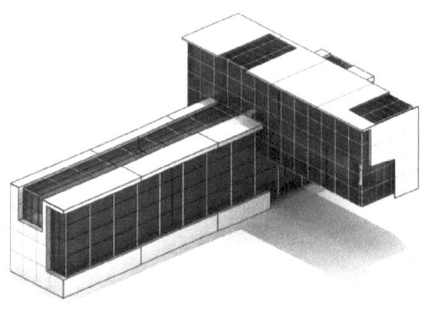
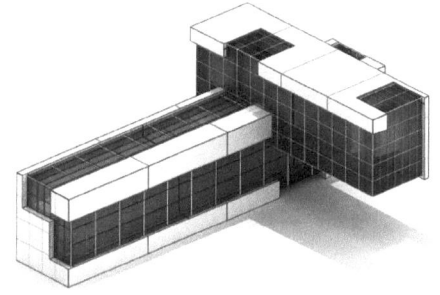
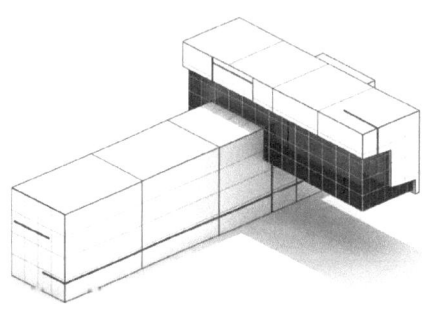
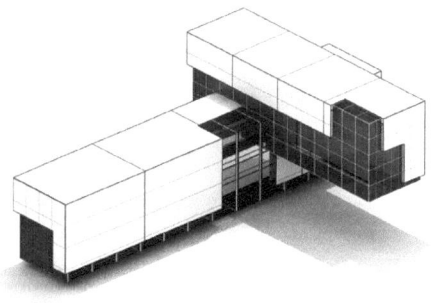
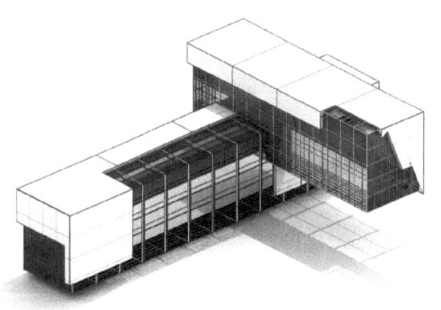
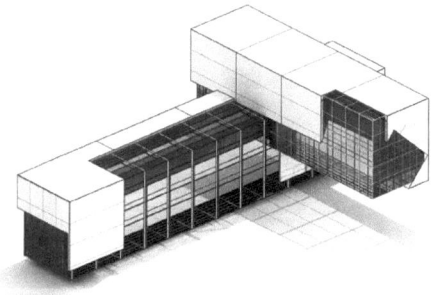

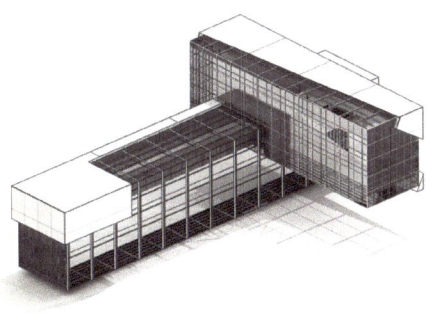
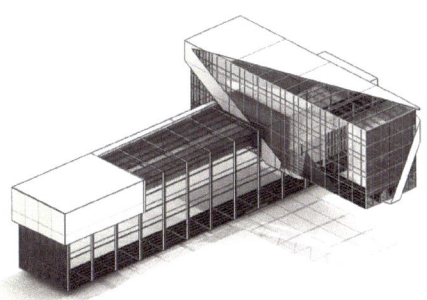
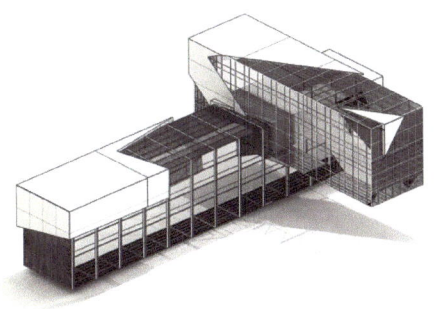
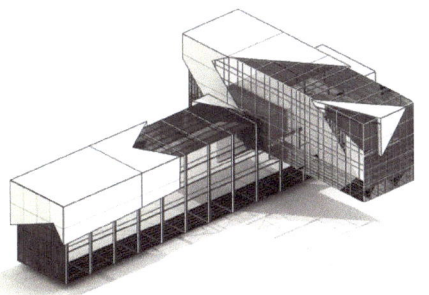
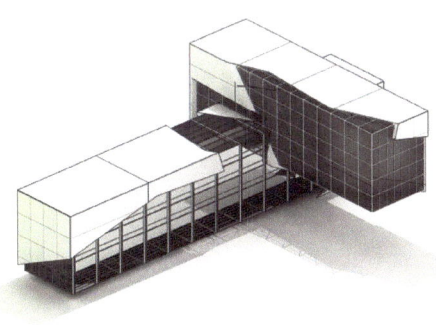
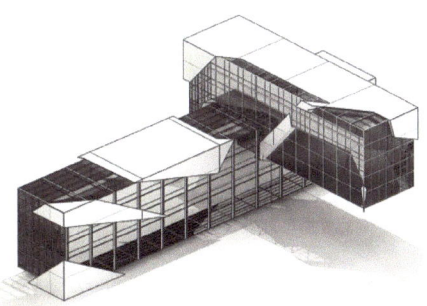
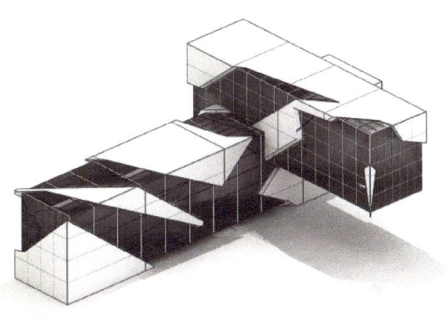

## Facade or crust

The following images are the renders selected from façade status of the last practice. Designing façade of a building, the surrounding crust is important for me. Ceiling of side walls, even floor of terrace and projections. The façade is designed concurrent with the volume design. Or, if the building volume has been made, the crust is designed in perspective. Crust of the building is not a two-dimensional surface.

## نما یا پوسته

تصاویری که مشاهده می کنید، رندر های انتخاب شده از وضعیت نمای تمرین قبلی است. در طراحی نمای یک ساختمان، پوسته ای که آنرا در برگرفته برایم مهم است. سقف دیوار های جانبی و حتی کف تراس و پیش آمدگی ها. ترجیح می دهم همراه با طراحی حجم، نمای کارم طراحی شود و یا اگر حجم بنا ساخته شده، طراحی پوسته را در پرسپکتیو انجام دهم. پوسته ساختمان صفحه‌ای دو بعدی نیست.

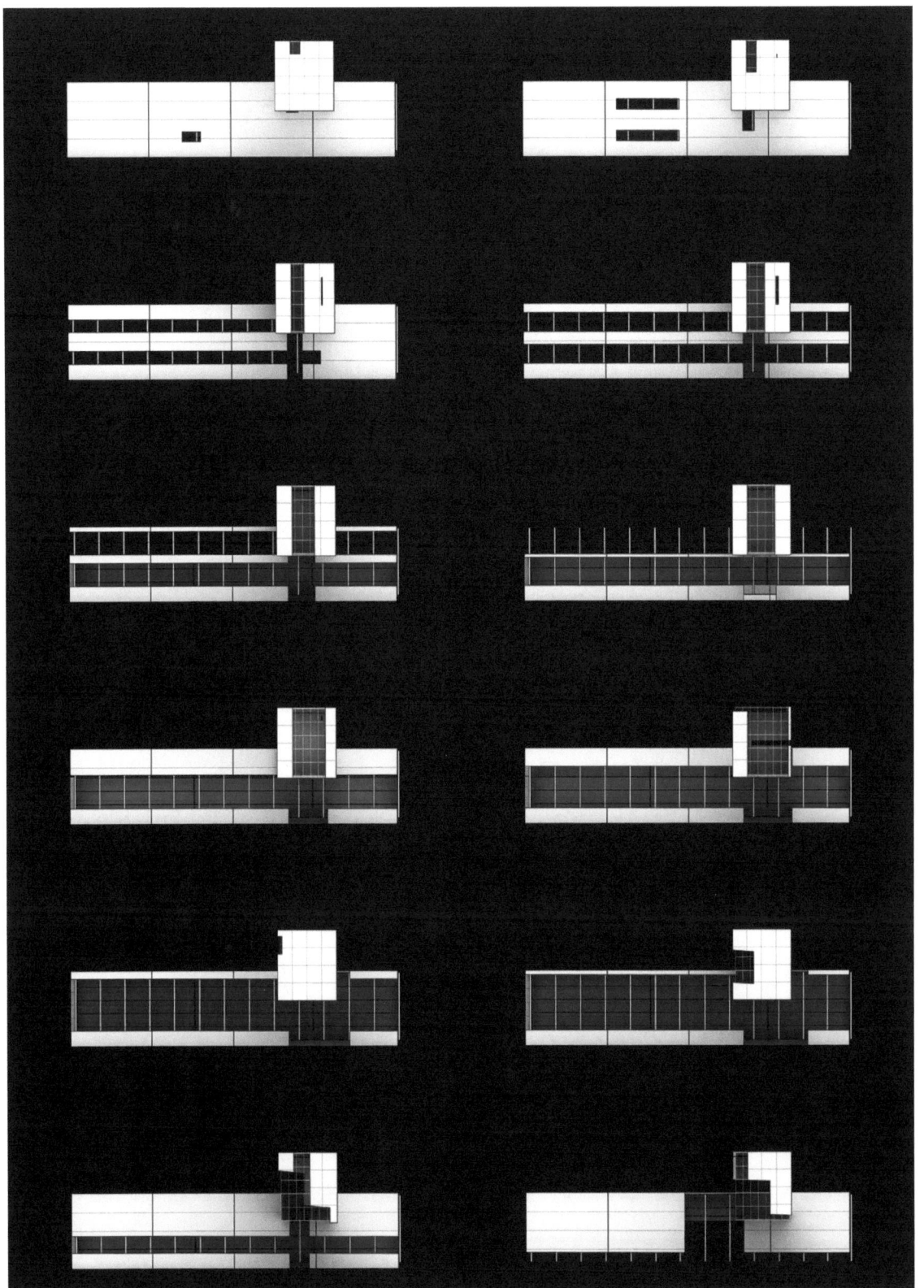

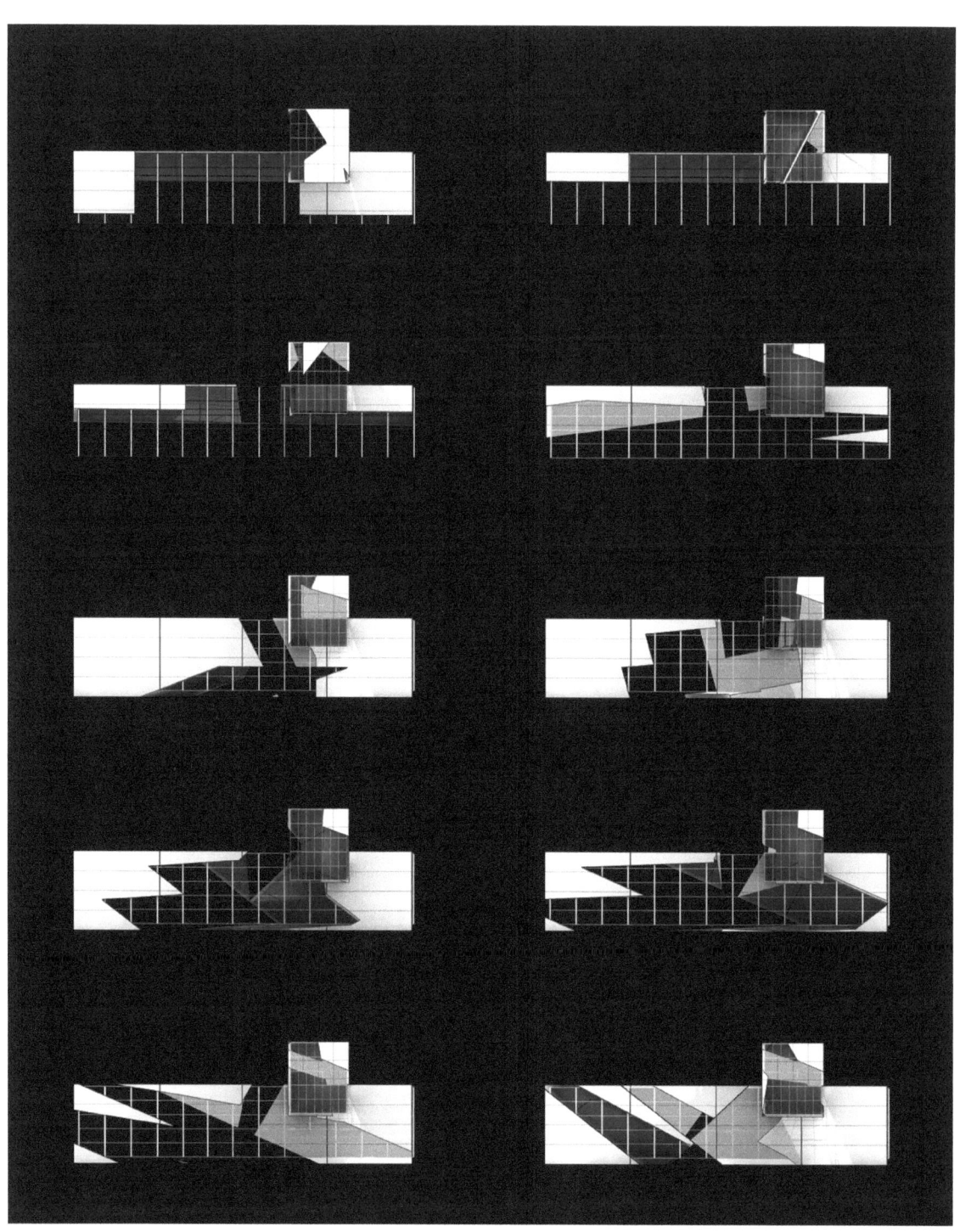

**عناصر و احجام ناقص حرف‌های زیادی برای گفتن دارند.**

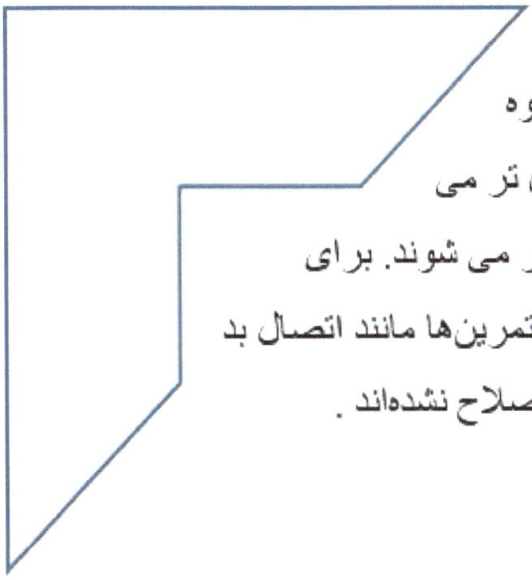

تمرین قبلی را دوباره تکرار می کنم. بارها و بارها تمرین های مشابهی را انجام داده ام و هر بار چیز جدیدی کشف می کنم. علاوه بر تقویت تکنیک و طراحی، آرشیو ذهن شما توسعه یافته و کامل تر می شود و نیم کره های مغز شما بر مواردی که کار می‌کنید حساس‌تر می شوند. برای تشدید این حساسیت و واداشتن شما به تفکر اشکالات موجود در تمرین‌ها مانند اتصال بد لبه‌ها، عدم تداوم پوسته و یا قطع نامرتبت آن با حجم دیگر و... اصلاح نشده‌اند .

## Incomplete images and volumes have a lot to say.

I repeat the last practice. I have done similar practices for several times and each time I have discovered new things. In addition to strengthening technique and design, your mind archive will be developed and completed and hemispheres of your brain will be sensitive to items you are working on. To intensify the sensitivity and persuade you to think, the problems found in the practices, e.g. adverse join of edges, non-continuation of crust, and/or its disorderly disconnection with other volume, etc. have not been corrected.

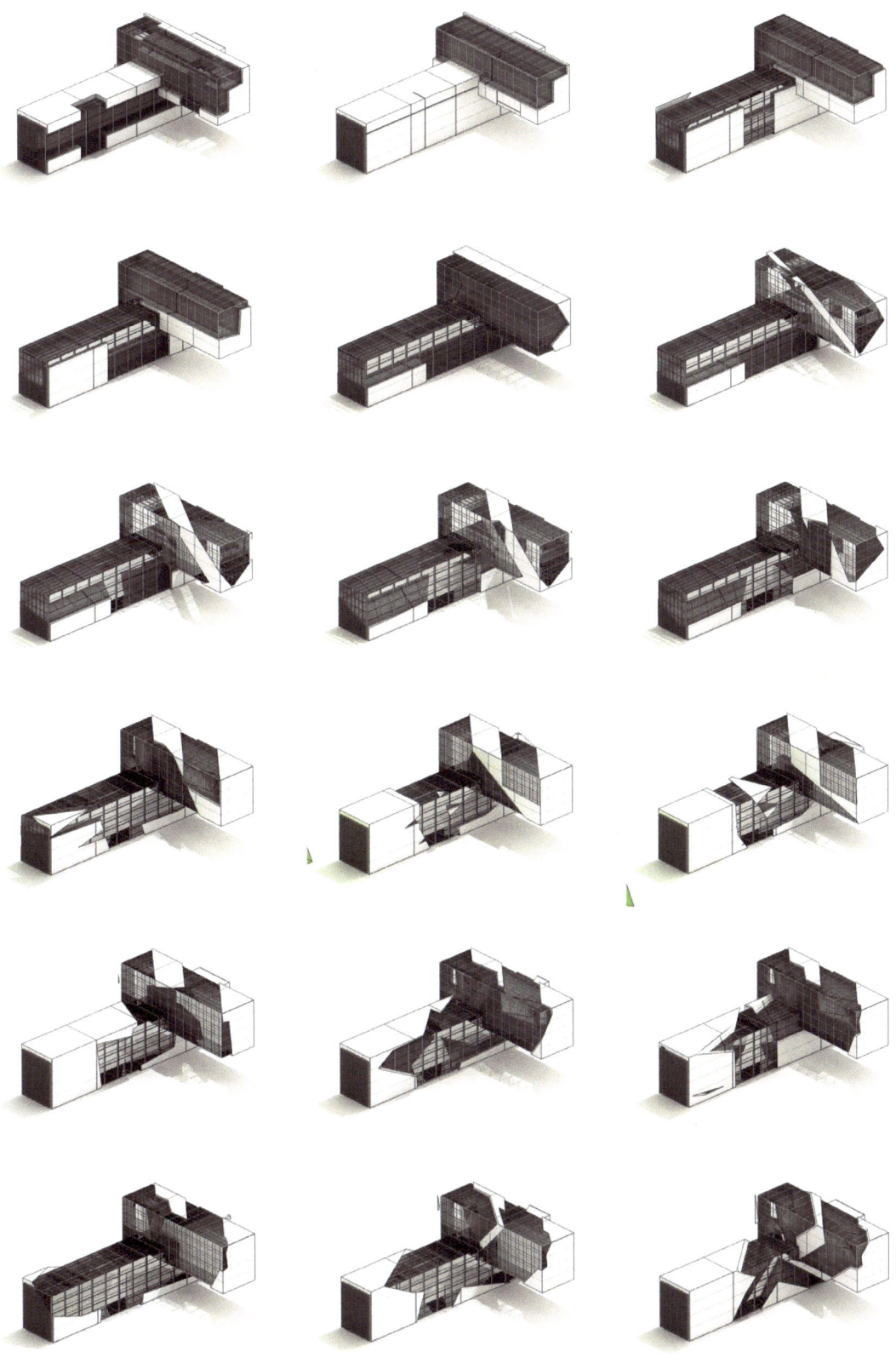

# Join or connection, this is problem!

Join or connection is a problem and I try to solve.
Two cubes are joined by a cube perpendicular to
them with a distance from ground.
A not much complete practice to connect
volumes and architectural spaces

## اتصال یا ارتباط مساله اینست!

اتصال یا ارتباط، موضوعی که تلاش می‌کنم

در این مجموعه به آن پاسخ دهم. دو مکعب توسط

مکعبی عمود بر آنها و با فاصله از زمین

به هم متصل شده اند.

تمرینی نه چندان کامل برای برقراری ارتباط

بین احجام و فضاهای معماری.

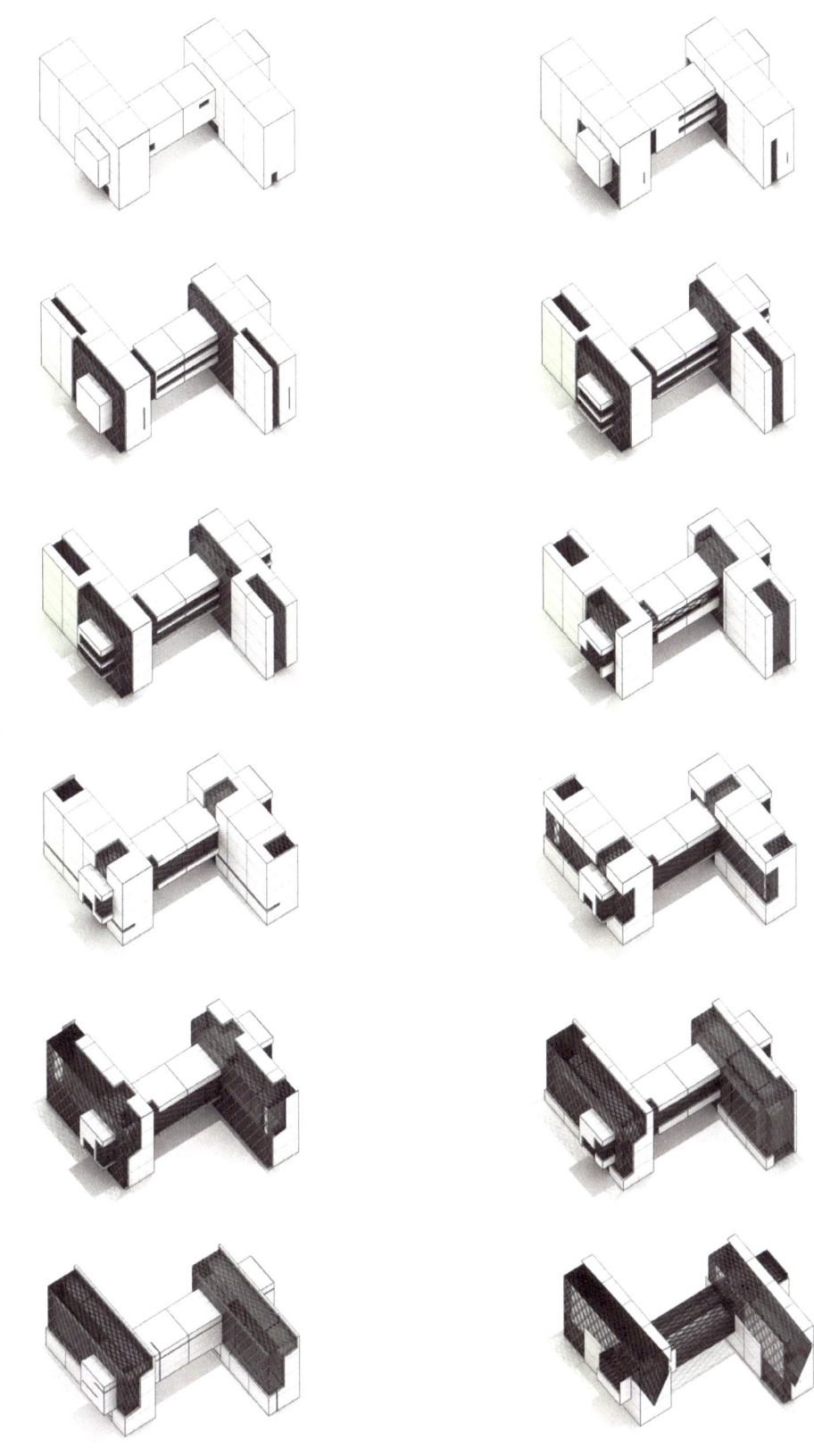

## Shadow

I work on the crust using several cubes with
different dimensions. I wonder that former design
techniques practices well even when
there are several volumes.
Shadow is a new component used in my design.
Several shadows are created through growing
of crust gaps and almond-shaped frame of windows.

سایه

کار بر روی پوسته را بر روی چندین مکعب با ابعاد مختلف انجام می دهم.

برایم جالب است که بدانم تکنیک‌ها و شیوه های قبلی طراحی با

تعدد احجام باز می توانند خوب عمل کنند. سایه مولفه جدیدی است

که وارد طراحی‌ام می شود. بزرگ‌شدن شکاف‌ها در پوسته

و چهارچوب لوزی شکل پنجره‌ها، امکان خلق سایه‌های متعدد را فراهم می کنند.

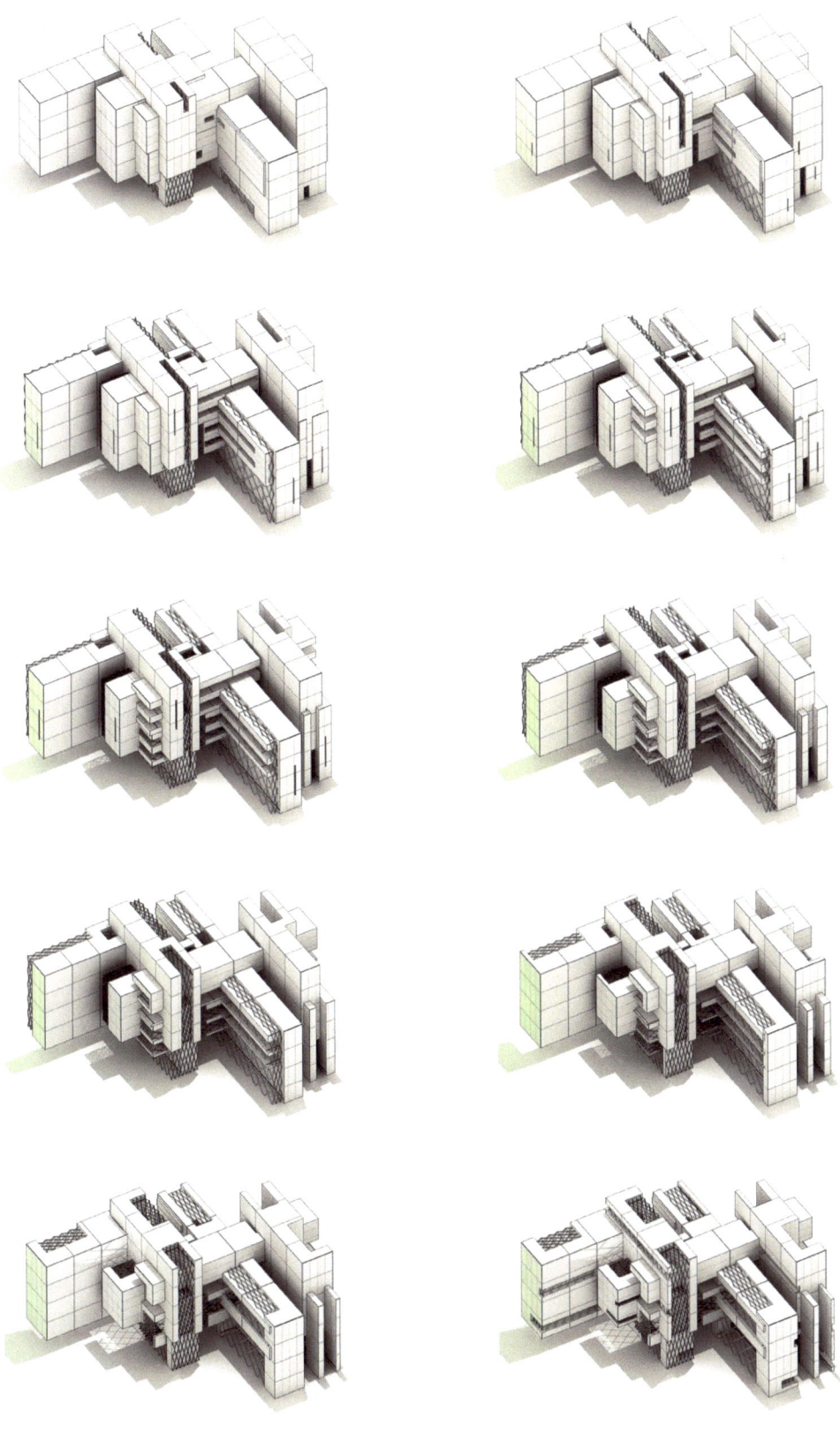

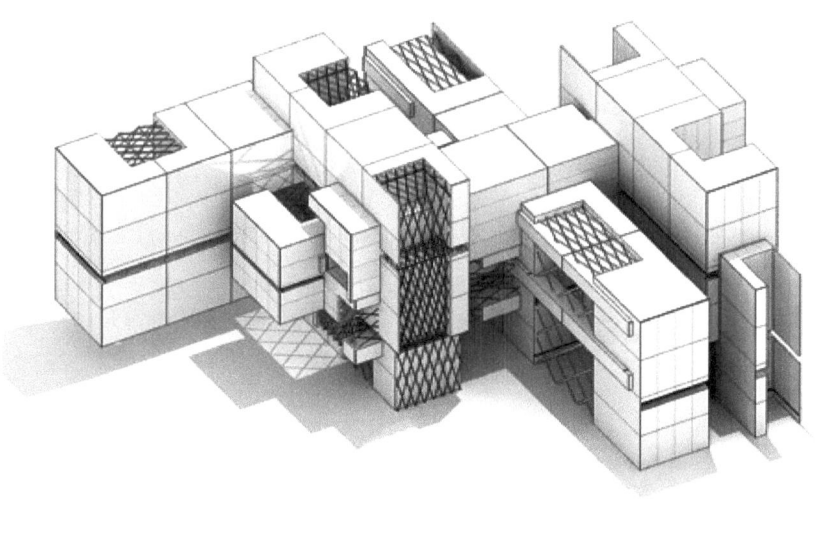

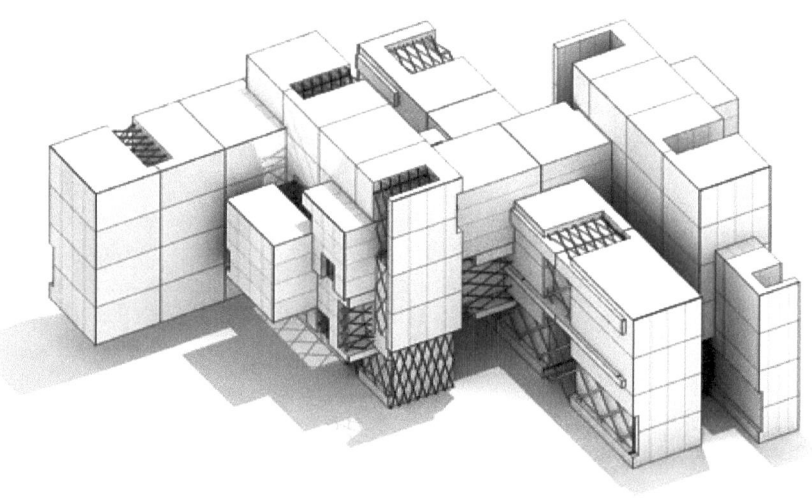

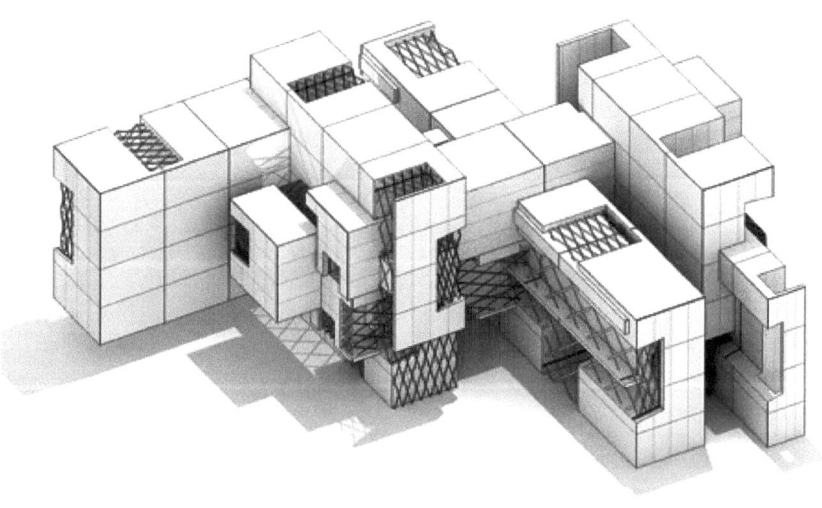

The former practice is repeated through displacing the cubes at horizon level and creating vertical gaps in the crust which result in various shades. Consider that it is not sufficient to provide conditions to create shade. Rather, the surfaces which are going to welcome the shades ate also very important.

تکرار تمرین قبلی با جابه جا کردن مکعب ها در سطح افق و ایجاد شکاف های عمودی در پوسته که سایه های متنوعی را ایجاد می کند. باید توجه کنید که تنها فراهم کردن موقعیتی برای ایجاد سایه کافی نیست، بلکه سطوحی که قرار است سایه ها روی آن بیفتند نیز بسیار مهم اند.

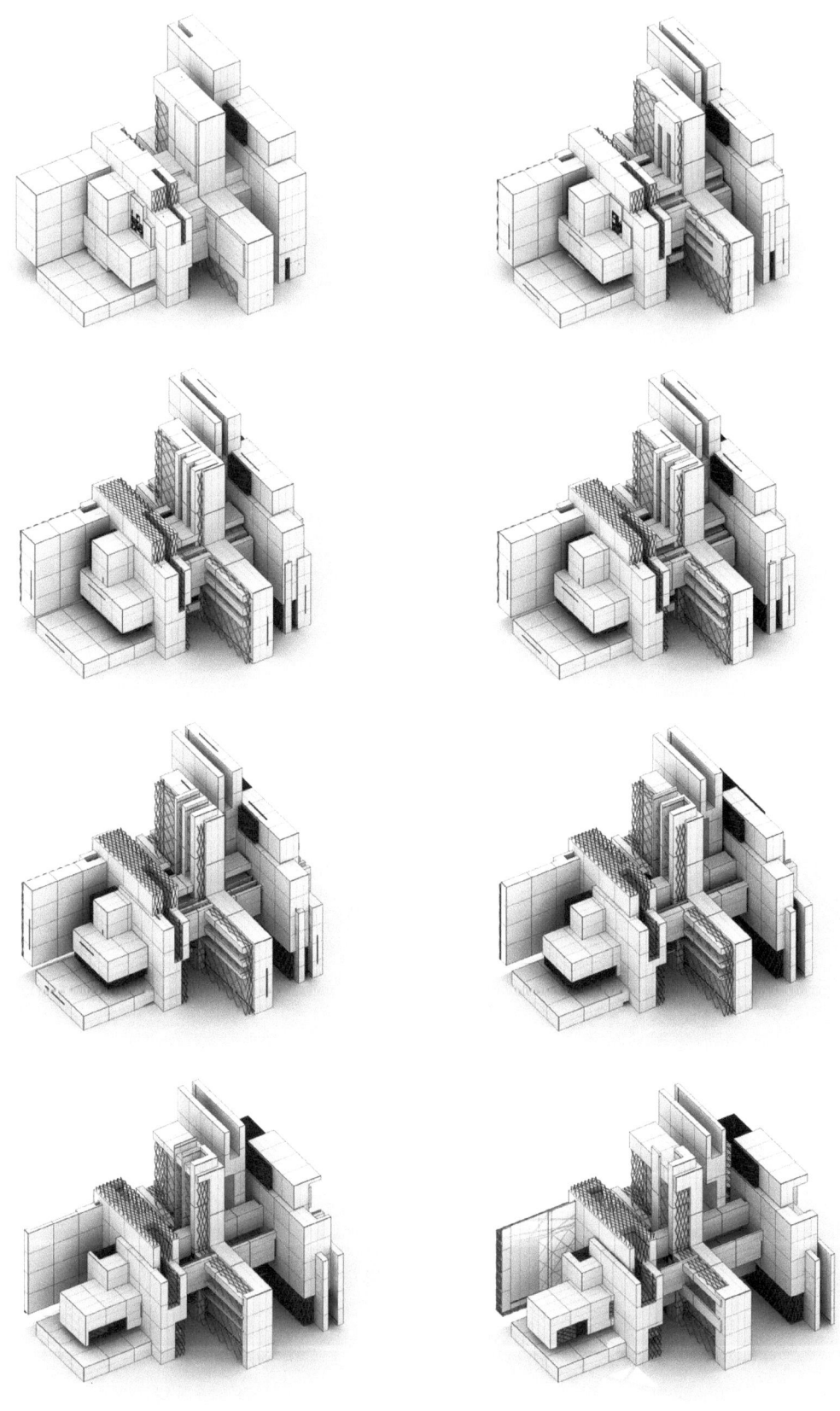

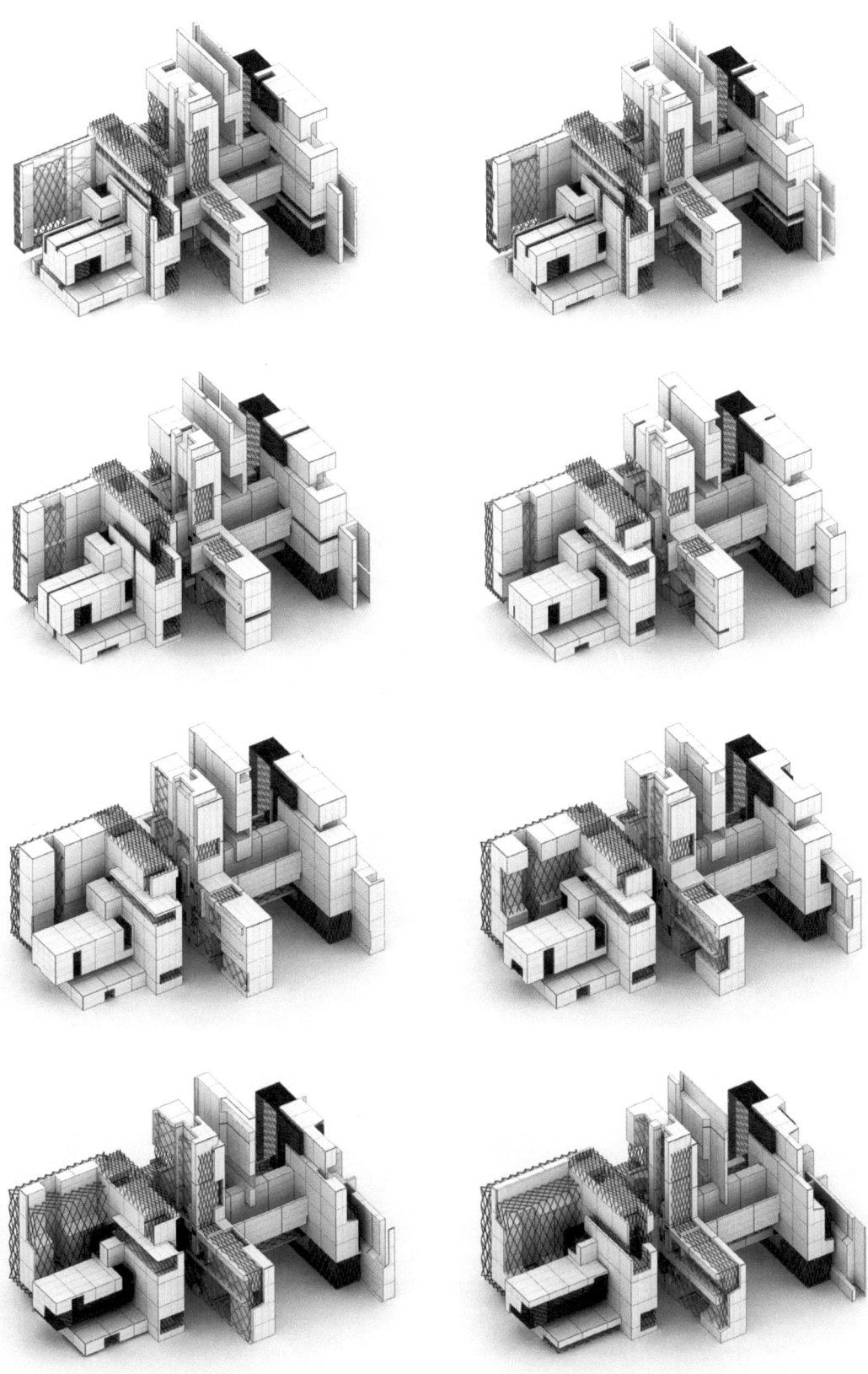

## Human-eye view

The former practice is evaluated from human-eye view. The cubes are moved backward and forward dimensions of gaps are changed, and the windows appears. These experiences are very efficient for proficient architects in addition to the important role paly in architectural training especially in designing of multipurpose complexes and tall buildings where there are serious problems in organizing of forms and volumes.

## دید انسانی

تمرین قبلی را از دید ناظر بررسی می کنم. کاری که تا کنون در این کتاب انجام نشده. مکعب ها به جلو و عقب حرکت می کنند، شکاف ها تغییر ابعاد می‌دهند و پنجره ها خود را نمایان می‌کنند. این تجربه ها علاوه بر نقش مهمی که در آموزش معماری دارند برای معمارانی که کار حرفه ای می کنند نیز بسیار کارآمد است. به ویژه در طراحی مجموعه که چند منظوره و ساختمان های بلند که در سازماندهی احجام و فرم ها مشکلی جدی در این زمینه وجود دارد.

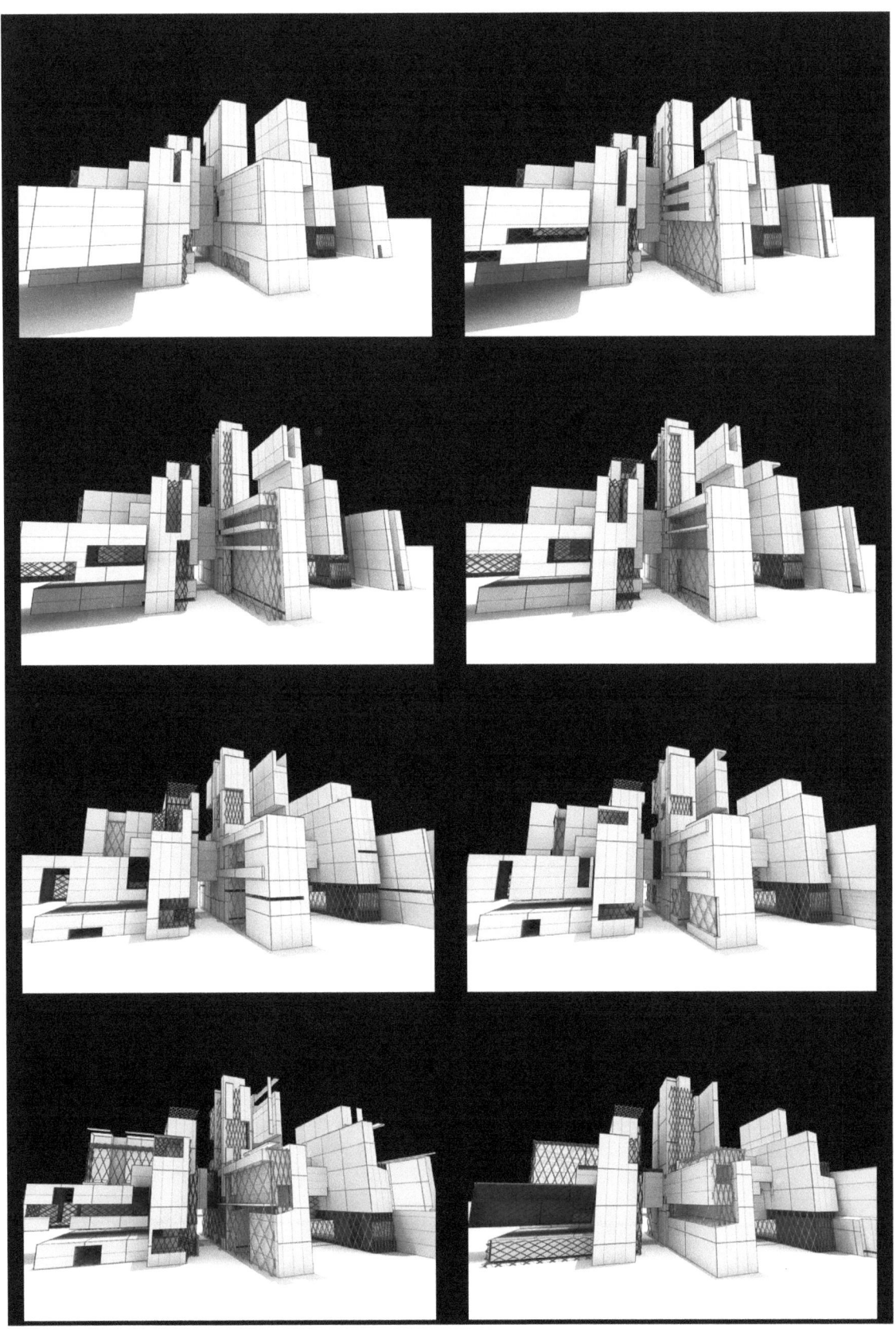

The pictures are bird-eye view renders of changes of the designed complex. Bird-eye view is not sufficient in design process. The designer should use perspectives from different angles considering light position. Which arrangement of cubes is better than others in your opinion?

تصاویر صفحه بعد رندرهایی از بالا از تغییرات مجموعه مورد طراحی را نشان می دهد. در طراحی تنها نباید به پرسپکتیو پرنده بسنده کرد. پرسپکتیوهایی از زوایا مختلف با توجه به موقعیت نور باید در دستور کار طراح باشد. به نظر شما کدامین چیدمان از مکعب ها بهتر از بقیه است؟

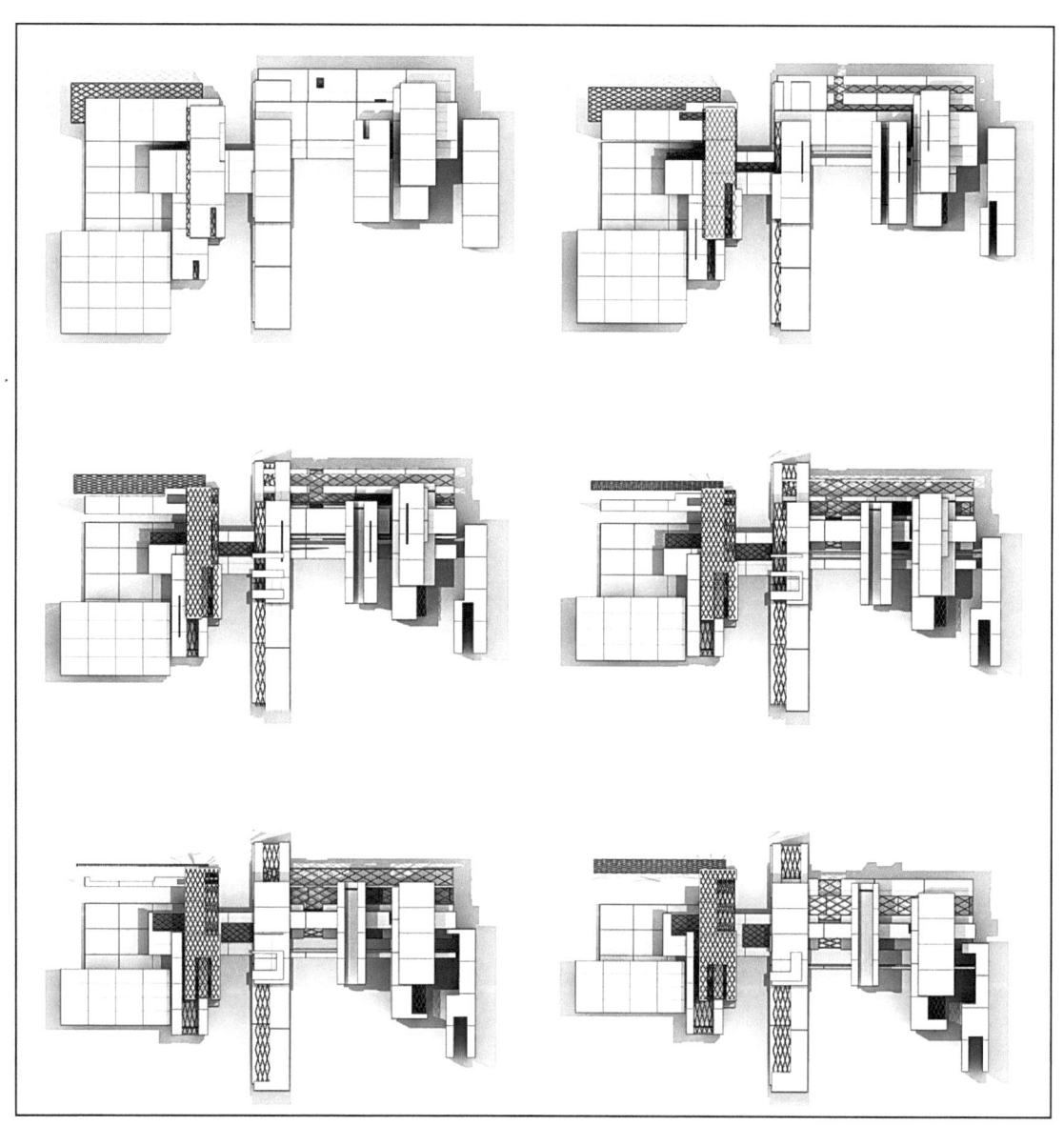

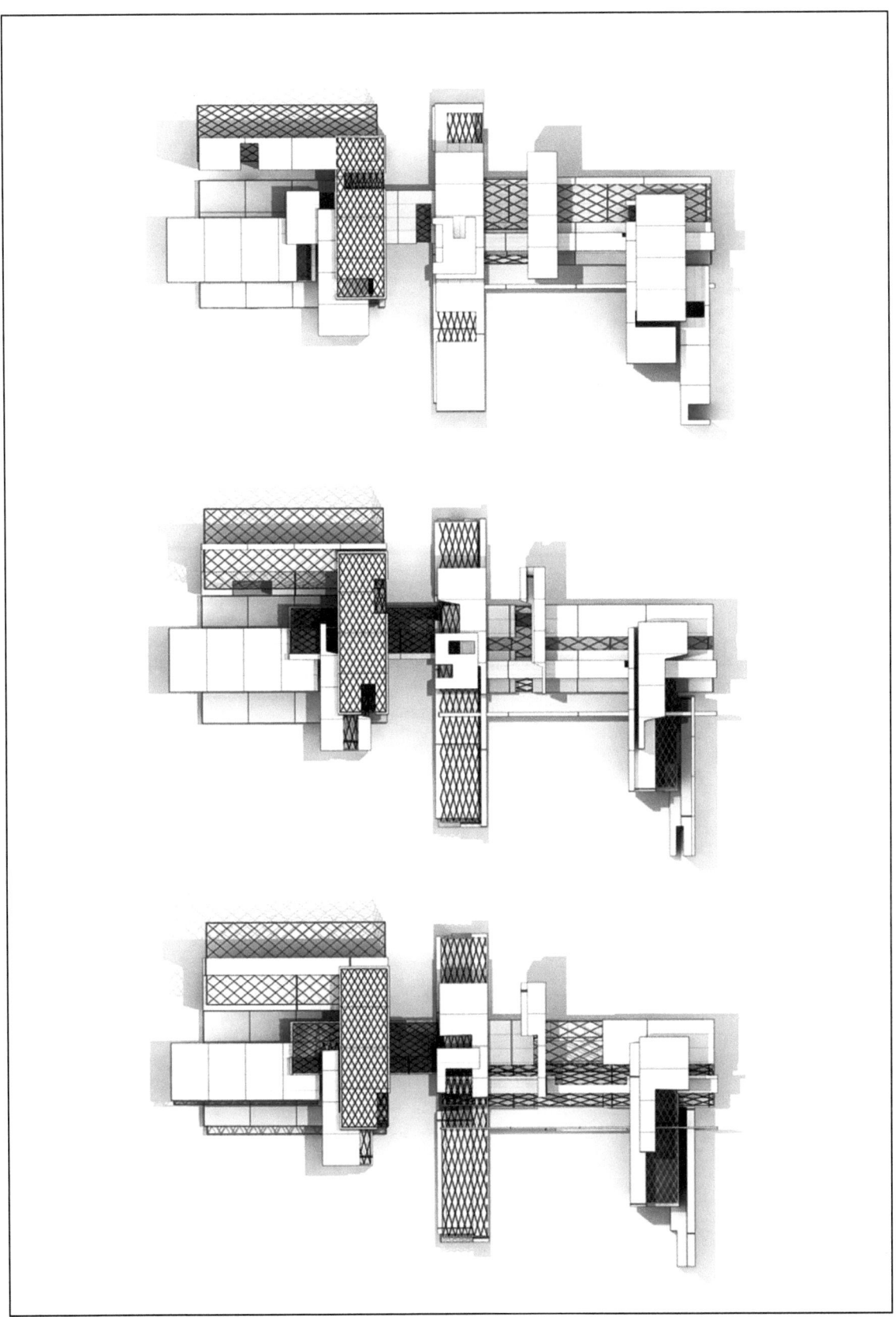

To be inquisitive to dissect the subject and experience different paths persuaded me to have experience sketches similar to the last pages with my students. In this experience, a simple structure of combination of several cubes was presented to the students. They were asked to design based on the provided structure. The sketches of Ms. Afsaneh Fardyar are seen in the next page. Surprisingly, they could offer creative and different designs in a single form.

کنجکاوی در کالبدشکافی موضوع و تجربه مسیرهای متفاوت، مرا بر آن داشت تا تجربه ای مشابه با صفحات قبلی را به صورت اسکیس با دانشجویانم انجام دهم. در این تجربه ساختاری ساده از ترکیب چندین مکعب به دانشجویان ارایه شد. از آنها خواستم تا بر اساس ساختار داده شده شروع به طراحی کنند. اسکیس های صفحه بعد، کار خانم افسانه فردیار است؛ با کمال تعجب مشاهده می کنید که در قالبی واحد طرح های متفاوت و خلاقانه ای توانسته اند ارایه کنند.

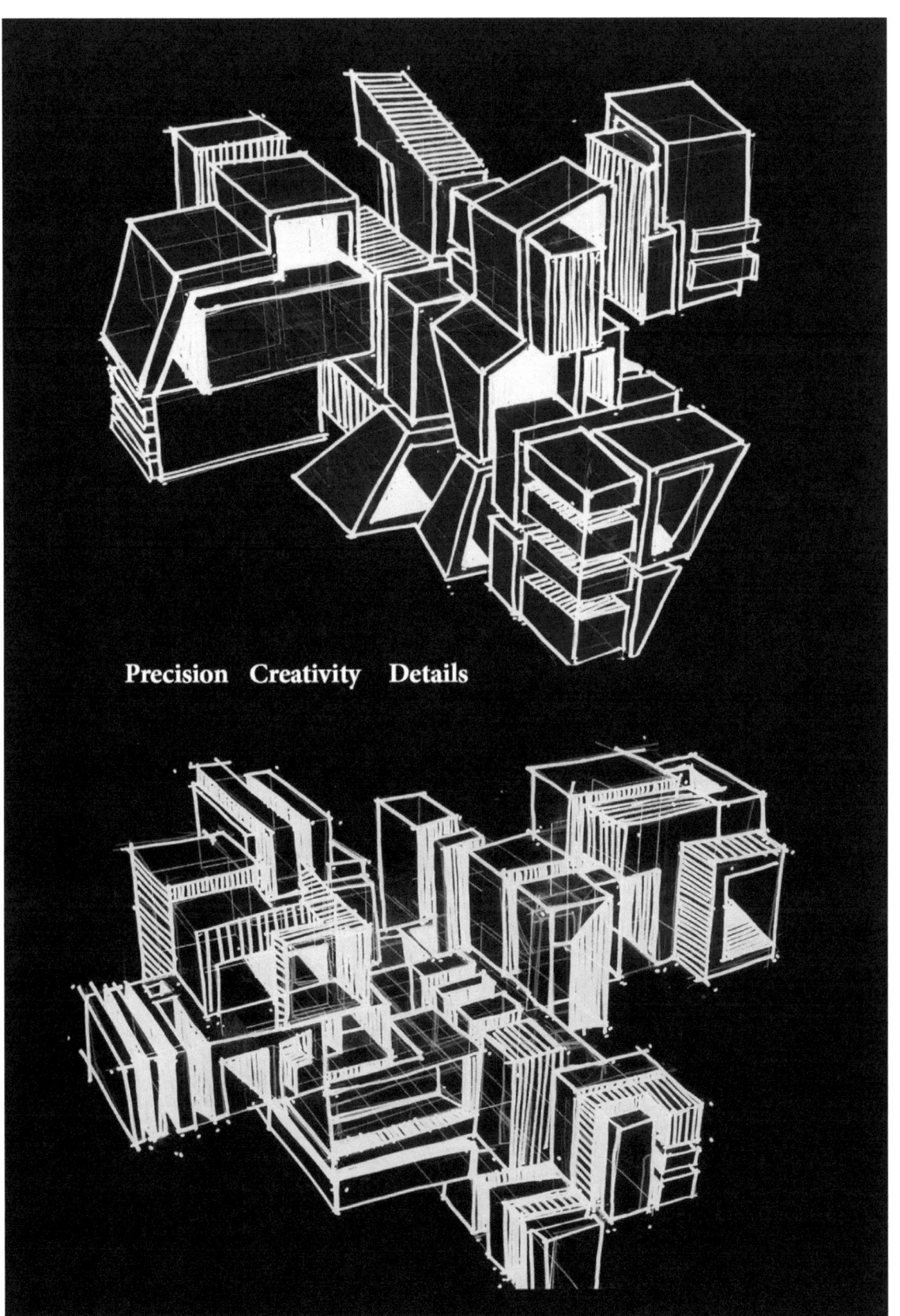

Precision   Creativity   Details

# Completion and vertical development of sketches in 3D software

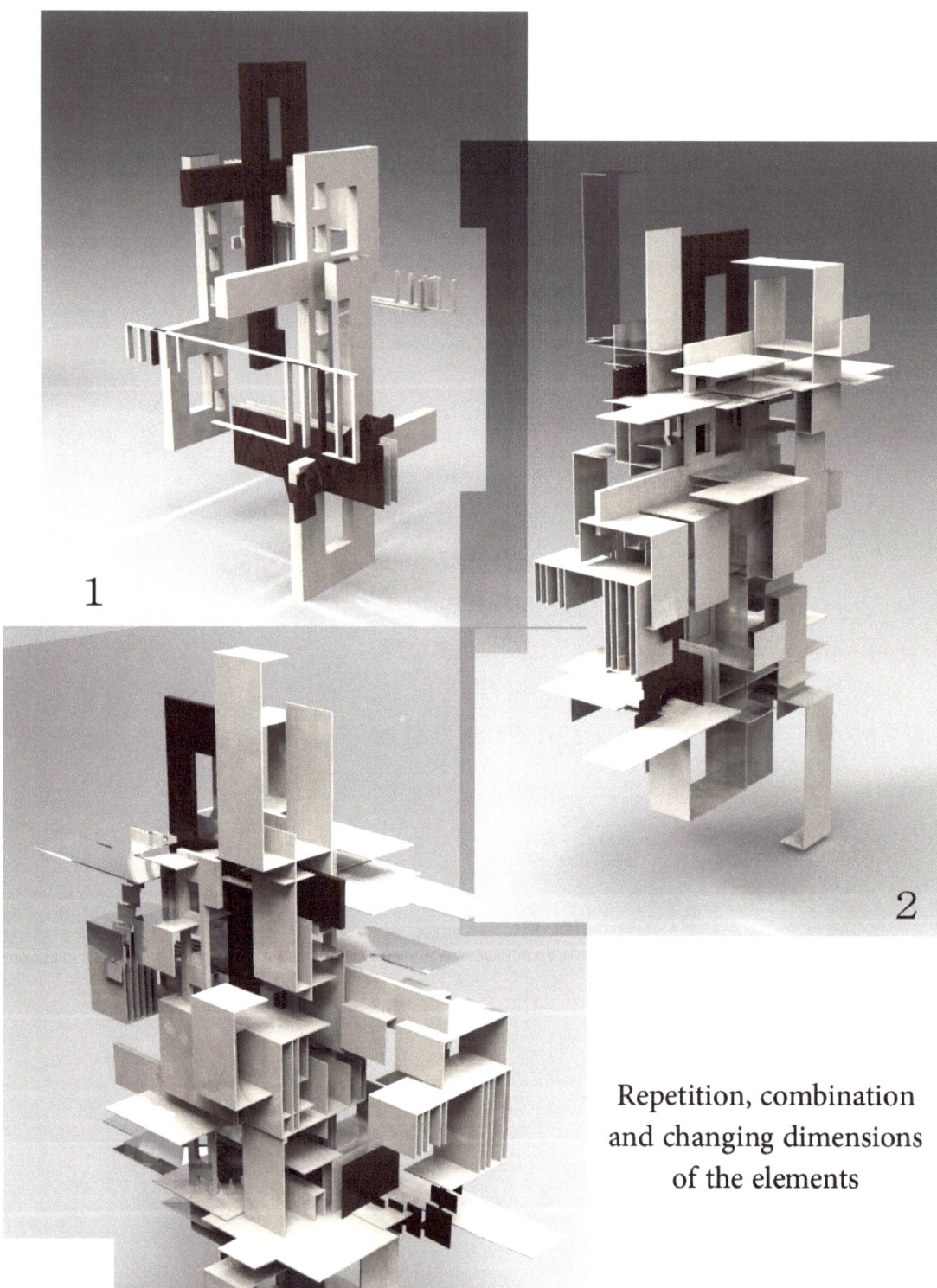

Repetition, combination and changing dimensions of the elements

## The elements create the whole and make it meaningful

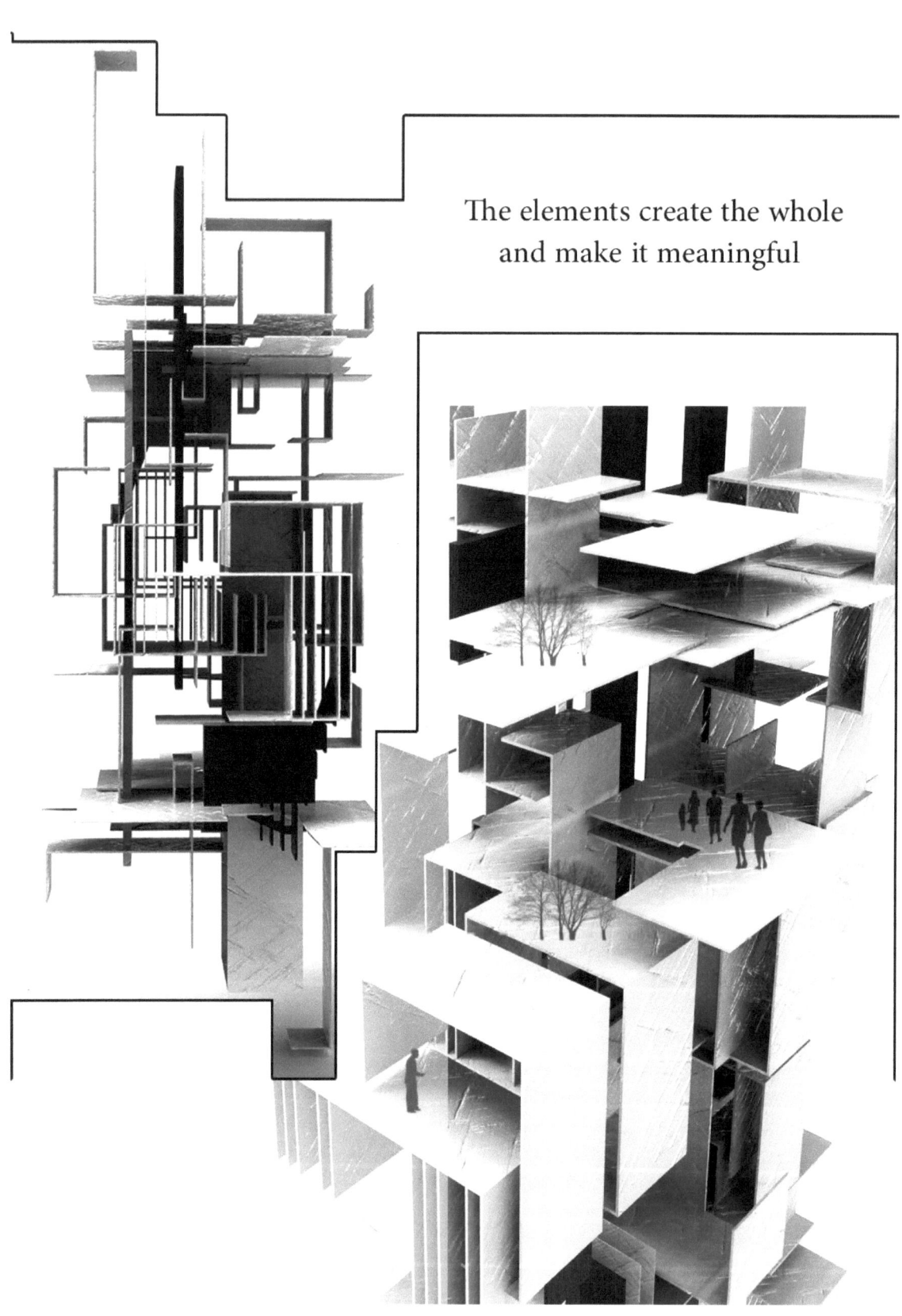

**Developing & Completing of Form in Six Directions**

In all eight stages of the basic structure development, the added volumes were not centered in a specific direction or side of the main structure. The form was developed in all six directions. Horizontal development along with the vertical one distinguishes this practice from other similar practices and designs. When the layers are arranged vertically, downward vertical cubes are appeared and the surfaces are developed in both horizontal directions. At the same time, all elements are connected and complete each other.

توسعه و تکمیل فرم در شش جهت.

در هر هشت مرحله از توسعه ساختار اولیه، احجامی که اضافه شده اند تنها در یک سمت یا ظلع مشخص از ساختار اصلی متمرکز نیستند. توسعه فرم متوجه هر 6 جهت است. توسعه افقی به همراه توسعه عمودی چیزی است که این تمرین را از سایر تمرین ها و طرح های مشابه جدا می کند. وقتی طبقات در عمودی چیده می شوند، همزمان مکعب هایی عمودی رو به پایین ظاهر می شوند و سطوحی که در دو جهت افقی گسترش می یابند و در عین حال همه اجزا با یکدیگر در ارتباطند و همدیگر را تکمیل می کنند.

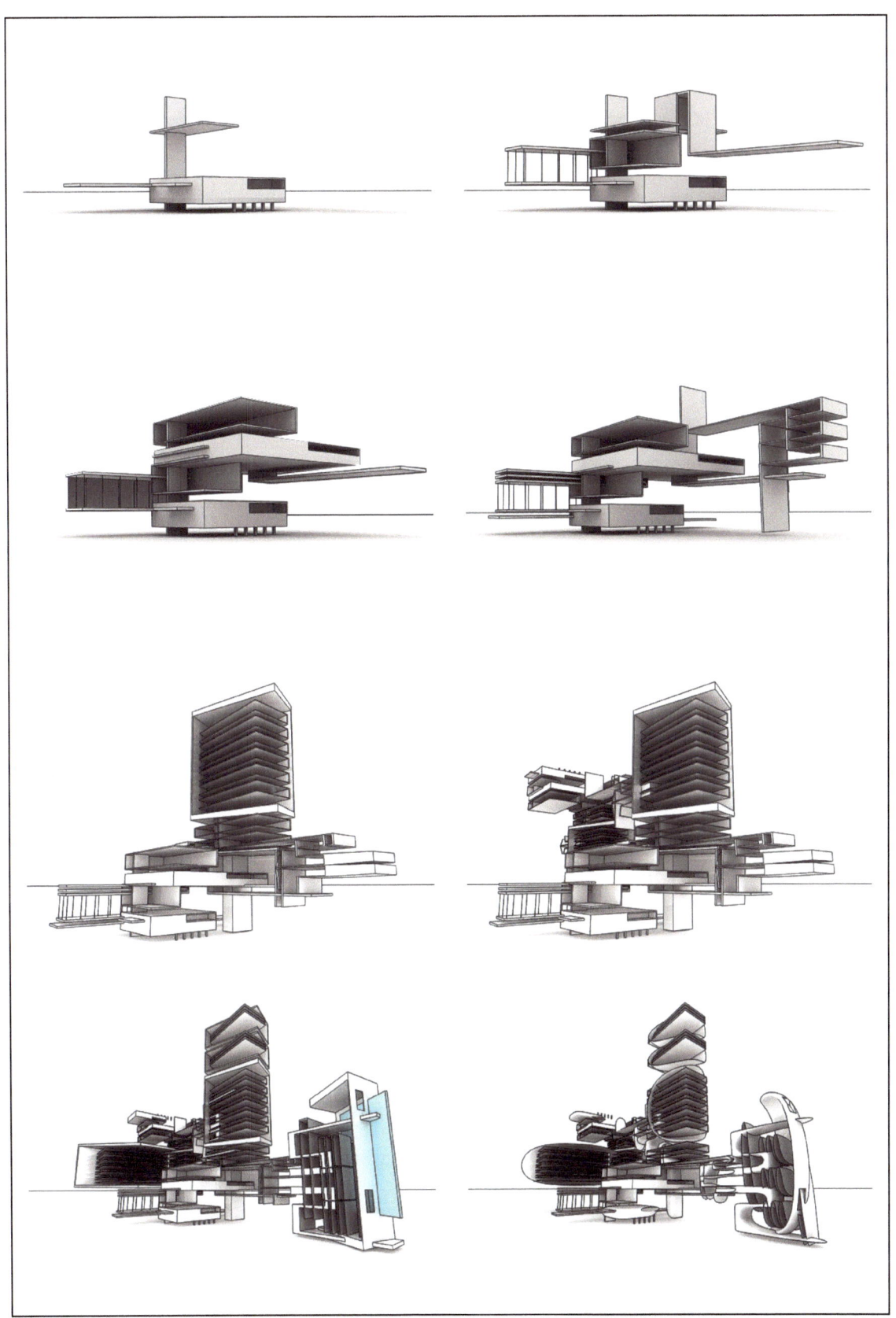

## Piet Mondrian, master in combination and simplicity

He is my favorite artist. Studying his impression on outstanding architects of modern architecture movement, I practiced and experienced form and space from his perspective and I gradually tried to create a different structure based on his architectural theories and works. The samples were created in 2010-11 and published in "Awakened Mine Thoughts" book. The effects of such practice were so important and deep which lasted for years and creation of these few hundred works is indebted to it.

### پیت موندریان استاد ترکیب بندی و سادگی

هنرمند مورد علاقه من که با مطالعه تاثیر ایشان بر معماران مطرح جنبش معماری مدرن، به تمرین و تجربه فرم و فضا از منظر ایشان کردم و رفته رفته سعی کردم ساختاری متفاوت بر اساس نظریات و آثار ایشان در معماری خلق کنم. نمونه هایی که مشاهده می کنید در سال 1389 خلق شدند و در "کتاب تاملات ذهن بیدار" منتشر شدند اما تاثیر این تمرین آنقدر مهم و عمیق بود که سالها ادامه پیدا کرد و خلق این چند صد اثر وامدار آن است.

## Children's Hospital

Project of Hamed Jalili Asl (2011)
An important practice containing most of matters and solutions mentioned earlier. Paying attention to land slope and using colors are two important points less seen in students' works.

**بیمارستان کودکان**

پروژه ای از حامد جلیلی اصل (سال 1390)
تمرینی مهم که حاوی عمده مطالب و راهکارهایی است که در بخش های قبلی ذکر شد. توجه به شیب زمین و استفاده از رنگ دو موضوع مهمی است که کمتر در کار دانشجویان دیده می شود. با اینکه ساهاست از ارایه این پروزه می گذرد، اما نکات مهمی در آن وجود دارد که مارا بر آن داشت تا منتشر کنم.

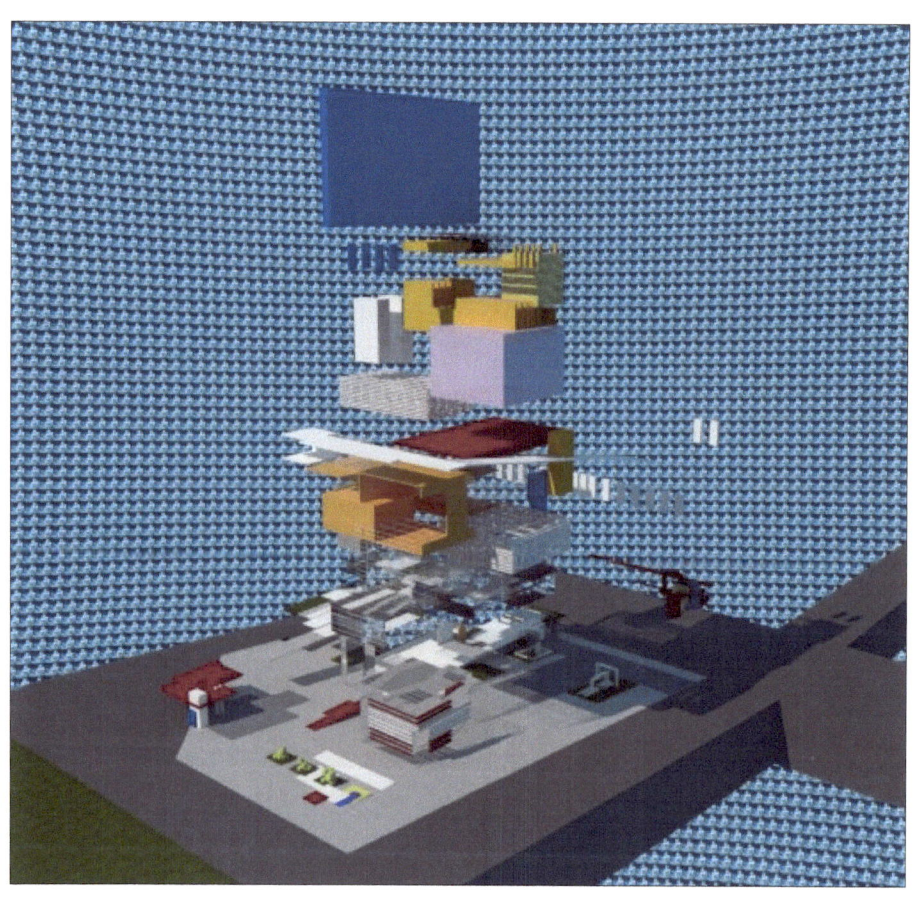

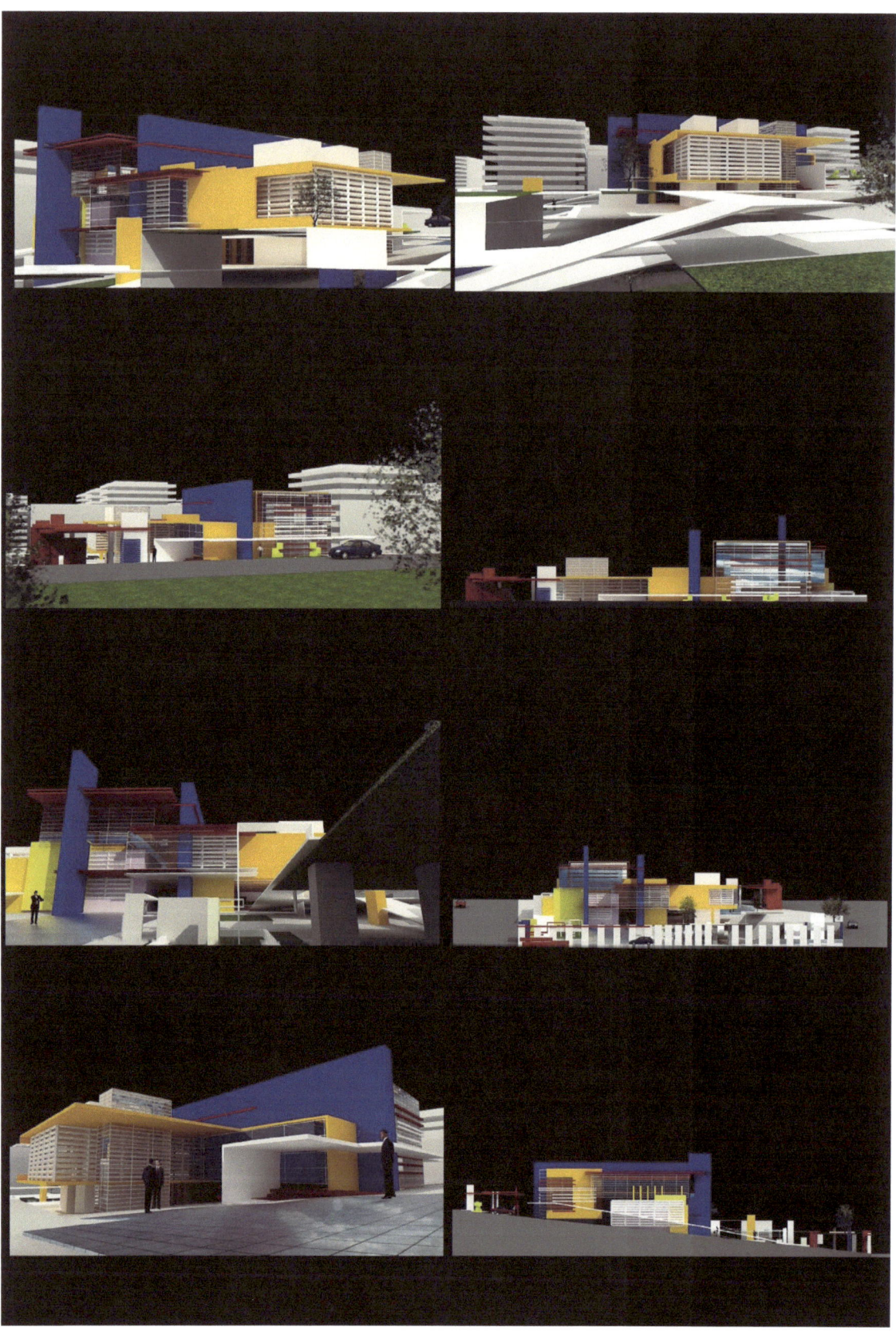

**Scatter and stitch them together.**

A more practice of creativity and to strengthen space-making capability. Here, we do not deal with a whole or elements going to restore it. We have torn the whole apart and scattered in in the space. The designer tries to connect them such that suspension, dispersion and independency of the elements are maintained. The practice was done in both horizontal and vertical structures. In fact, the practice is a decoration of kinds of hollow cubes with different thicknesses in the space. Using "Scatter" order in 3Ds MAX, you can do it easily.

Take care not to be deceived by speed and simplicity of form and space production using computer. Do not think that you have solved the problem. Perceiving form and space and be erudite in working with it requires plenty of experience and patience. Severalty and variety of designs proves it.

**پراکنده کنید و آنها را به هم بدوزید**

تمرینی دیگر برای خلاقت و تقویت توانایی فضاسازی. اینبار با یک کل و یا عناصری که می خواهند آن را بازسازی کنند سروکار نداریم. آن کل را تکه تکه کرده و در فضا پراکنده ایم. تلاش طراح بر ارتباط انها است؛ به گونه ای که تعلیق، پراکندکی و استقلال عناصر حفظ شود. این تمرین را در دو ساختار افقی و عمودی انجام شد. این تمرین در حقیقت چیدمانی از انوع مکعب‌های توخالی با ضخامت‌های متفاوت در فضا است. با دستور Scatter در نرم‌افزار 3ds Max به آسانی می‌توانید آنرا انجام دهید. (دکمه X را بزنید و Scatter را تایپ کنید)

فقط مواظب باشید، تسریع و سادگی تولید فرم و فضا در رایانه شما را قول نزند. و فکر نکید که مساله مشکل را حل کرده اید. فهم فرم و فضا و تبحر در کار کردن با آن نیازمند صبر و تجربه فراوان است. تعدد و تنوع طرح‌ها دلیلی بر این موضوع است.

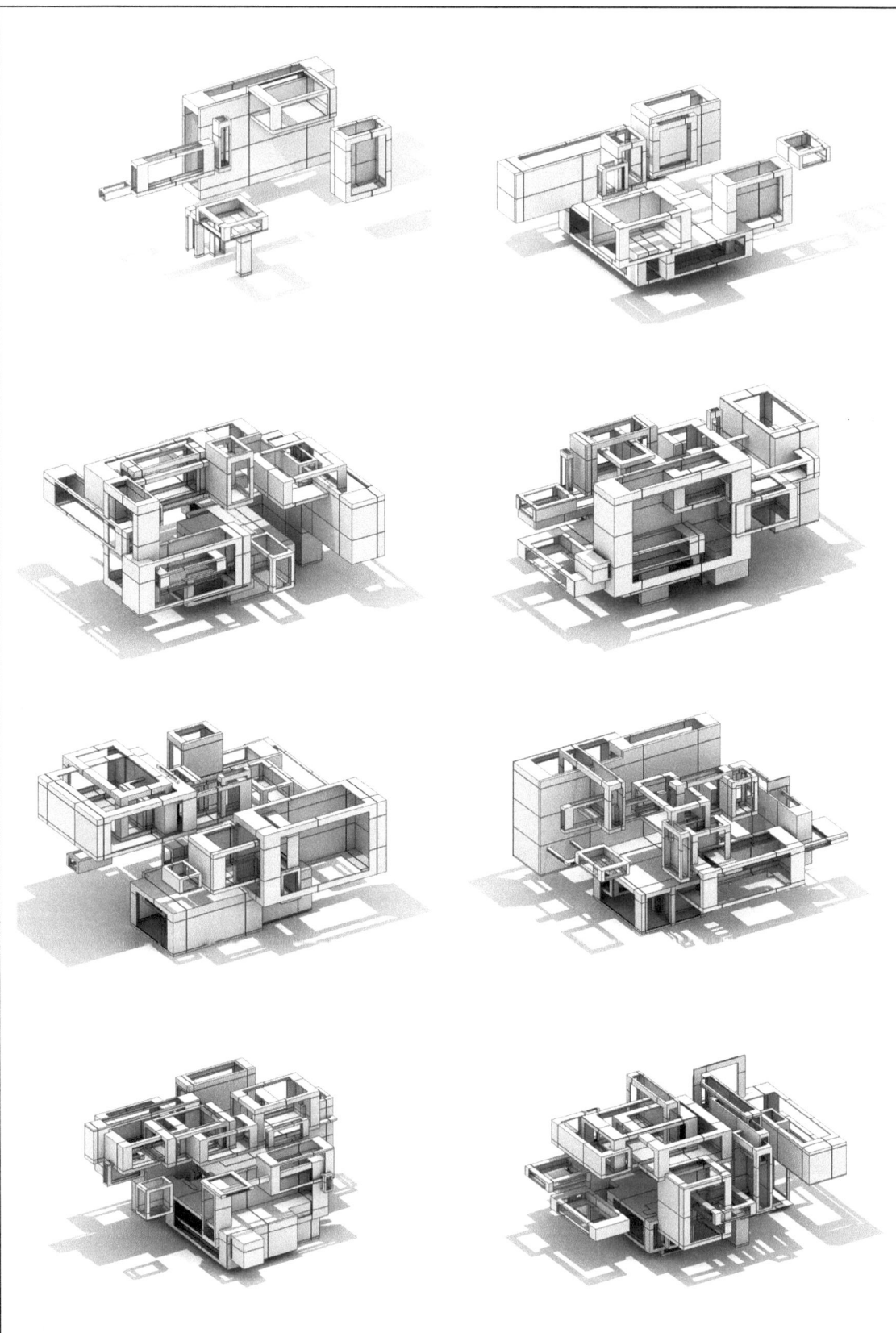

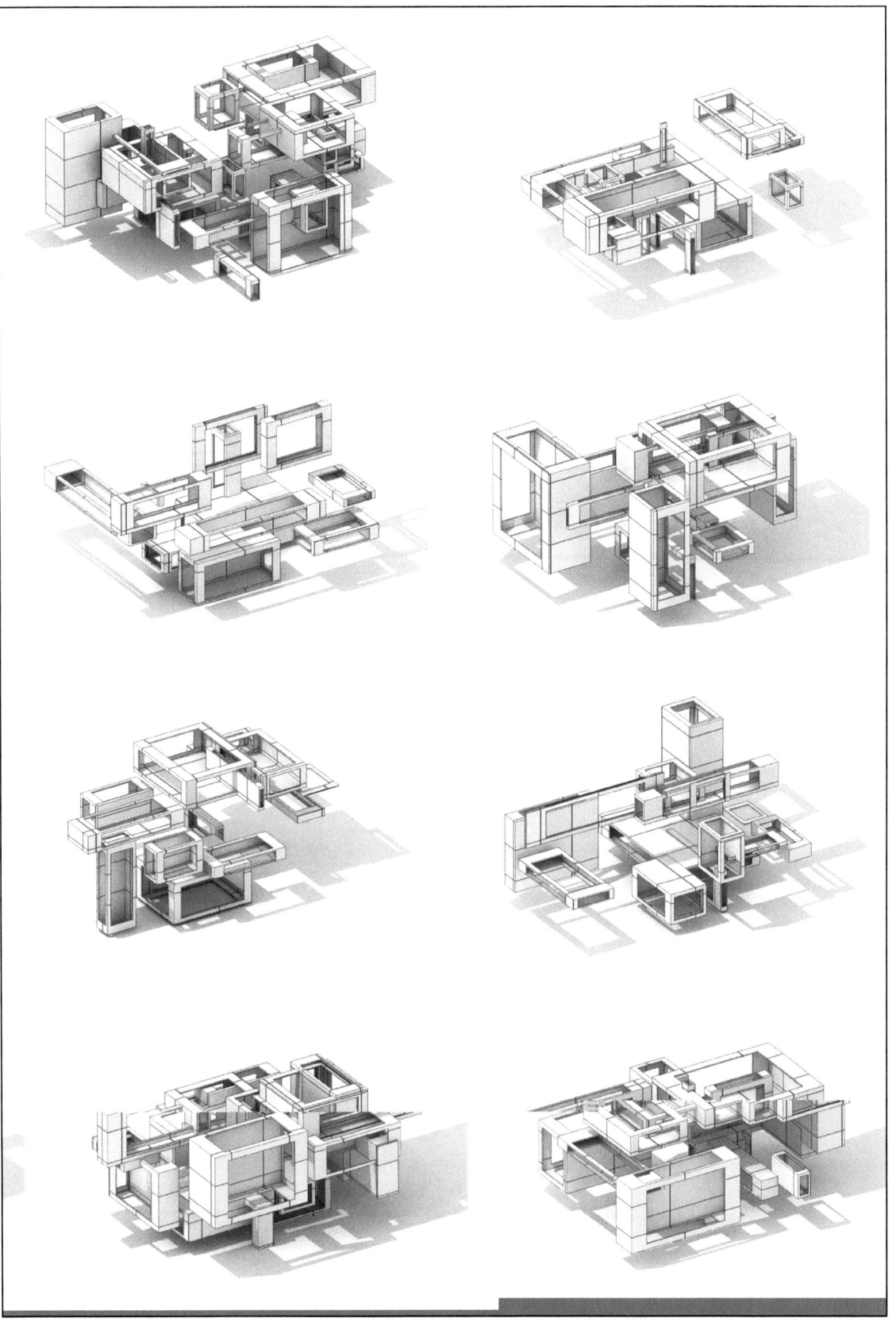

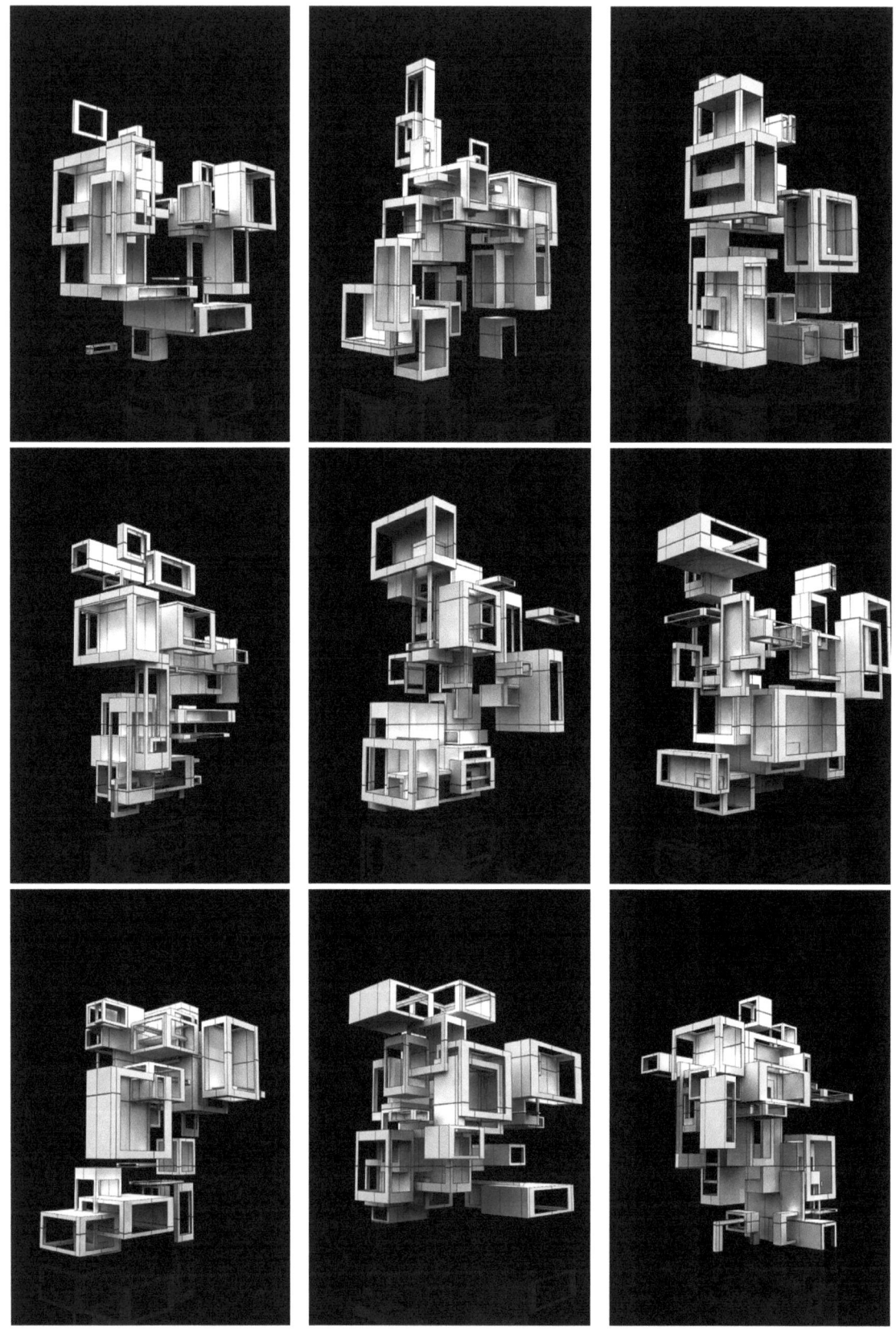

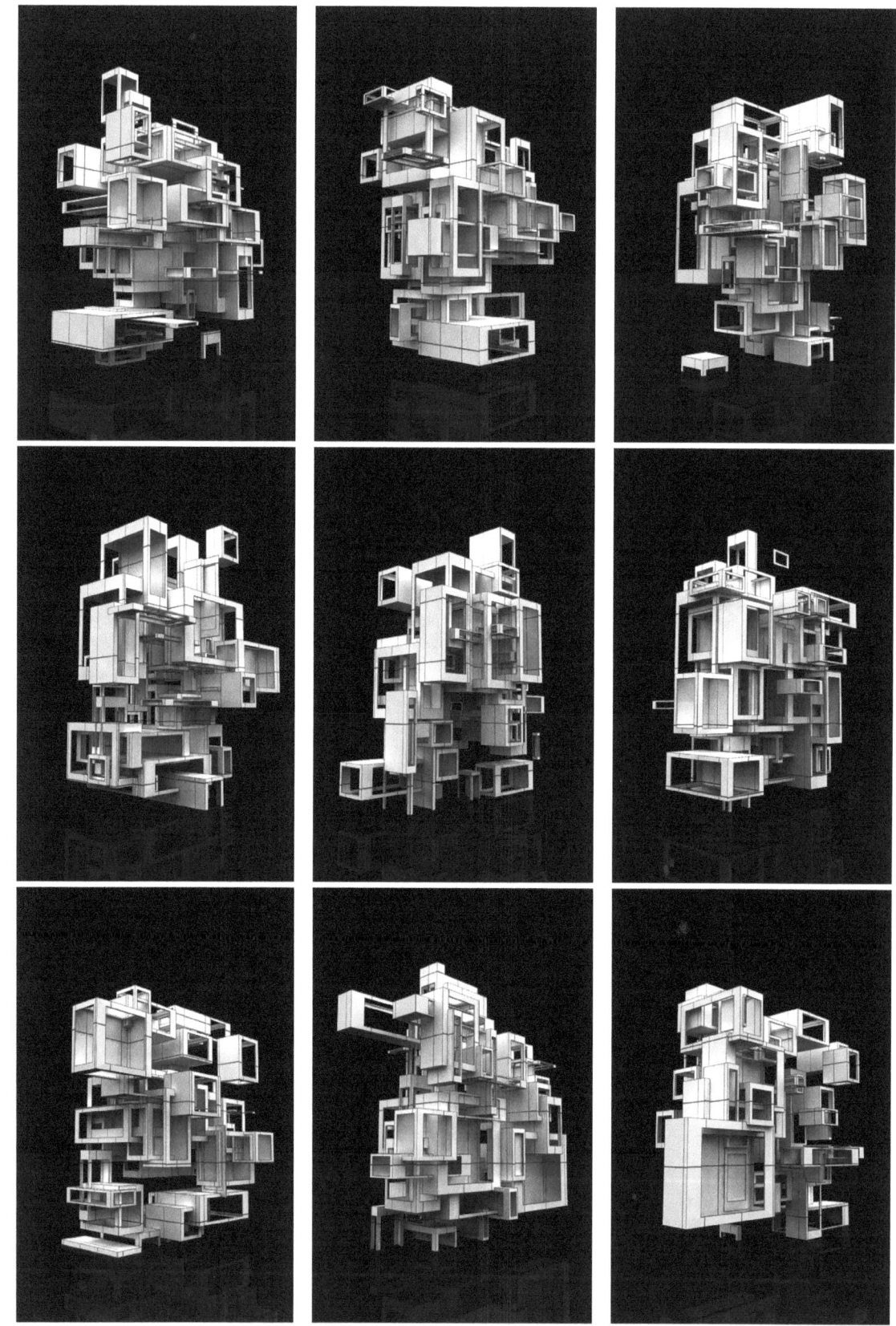

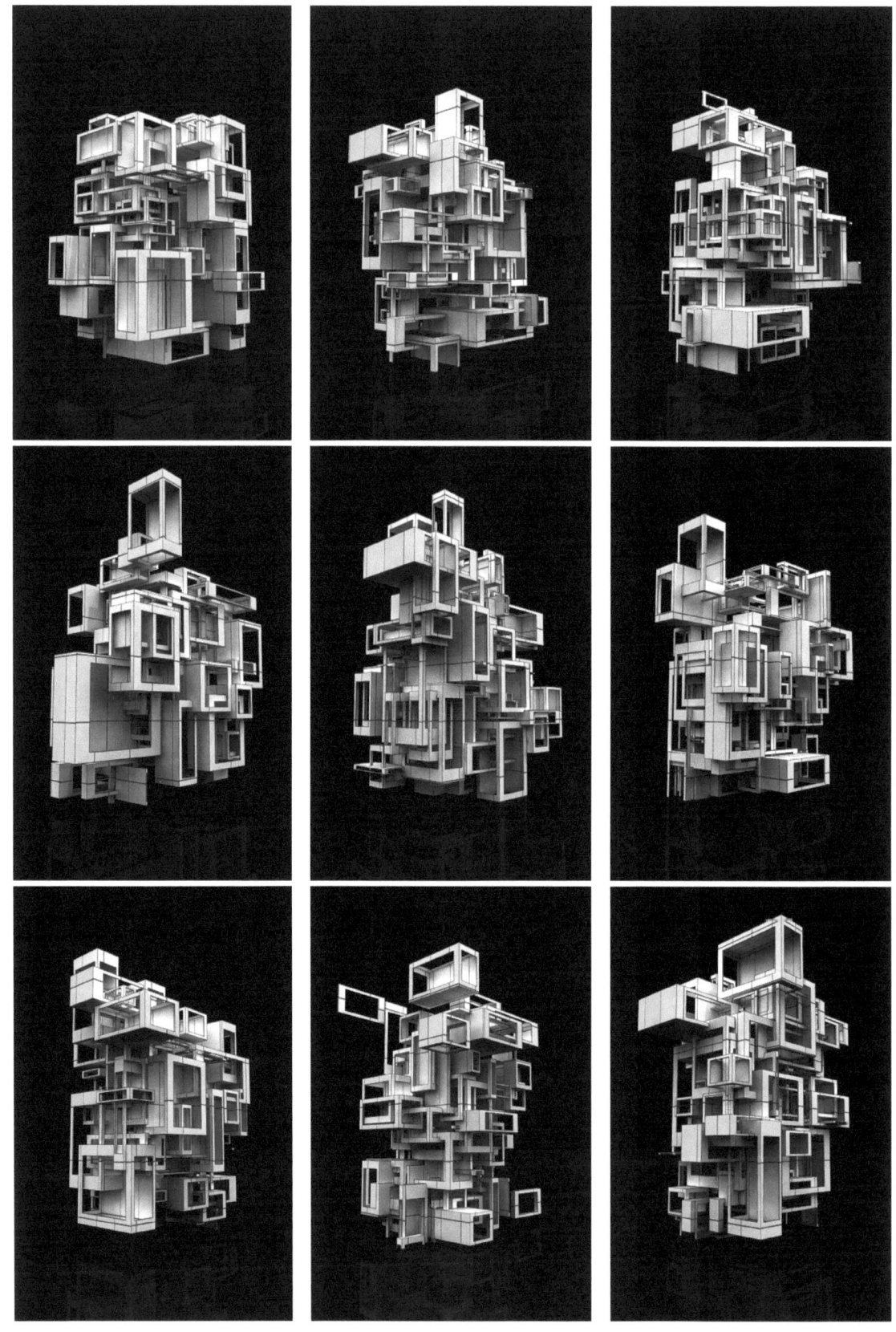

Pay attention to main affects arising from changing of thickness in frame of cubes and omitting some bodies in comparison with previous images. Light structure and its vertical elongation associate with flight and upward movement. Unfortunately, I couldn't continue this position and it became a disordered and heavy structure.

To compensate it, I repeated the practice. Bird-eye view perspective made it possible for me to control the structure more. Most time, what we want is near to us. It is sufficient to change our view angle.

دقت کنید که تغییر ضخامت در چهارچوب مکعب ها و حذف بعضی از بدنه ها چه تغییر عمده ای نسبت به تصاویر قبلی ایجاد می کند. سبکی ساختار و کشیدگی عمودی آن، پرواز و حرکت به بالا را تداعی می کند. متاسفانه در ادامه تمرین نتوانستم این وضع را حفظ کنم تا اینکه تبدیل به ساختاری شلوغ و سنگین شدند.

برای جبران کارقبلی، تمرین را دوباره انجام دادم. پرسپکتیو دید پرنده امکان کنترل بیشتر ساختار را برایم فراهم کرد. خیلی وقت ها، آنچه می خواهیم نزدیک ماست و تنها کافی است زاویه دیدمان را تغییر دهیم.

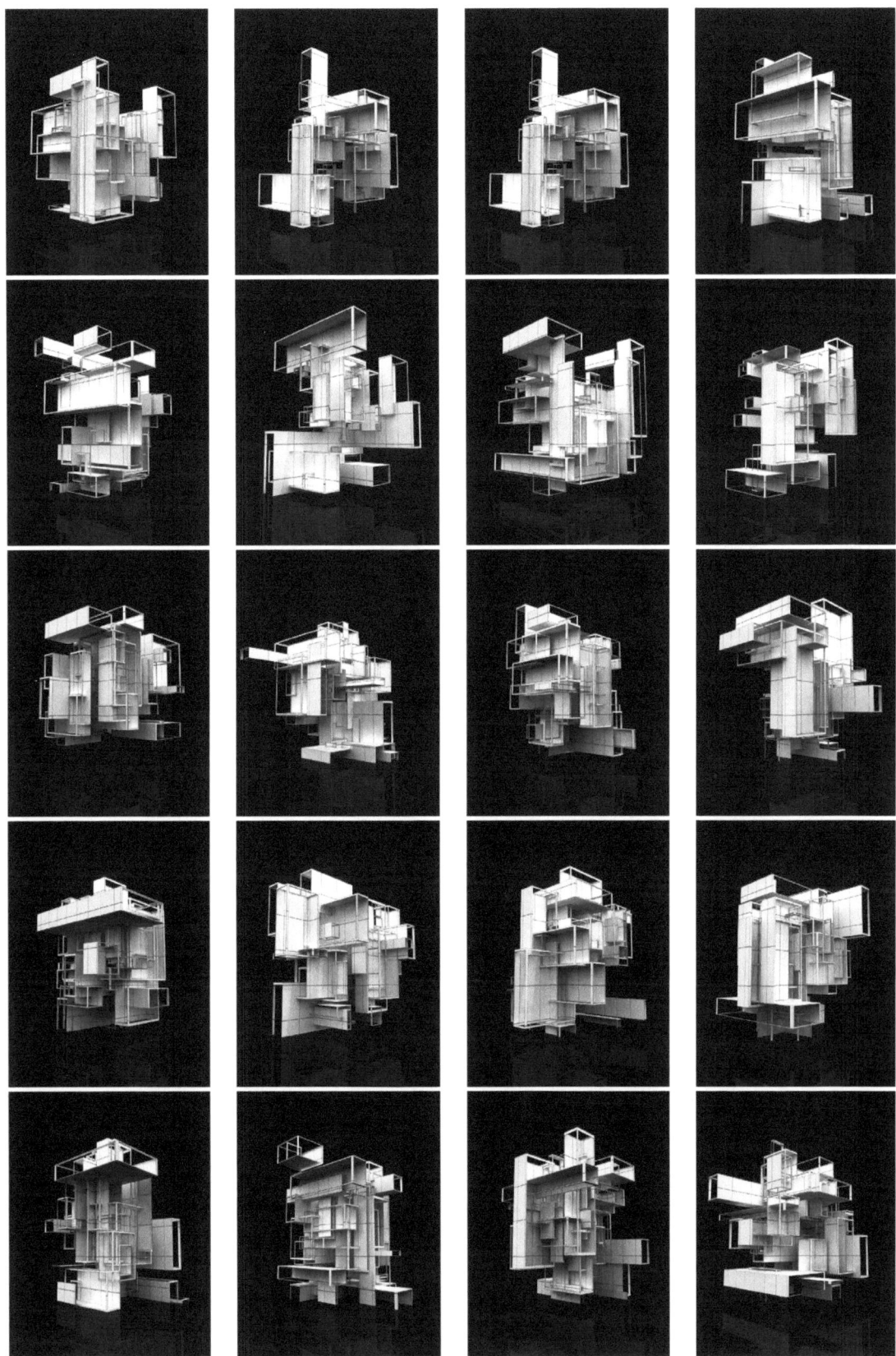

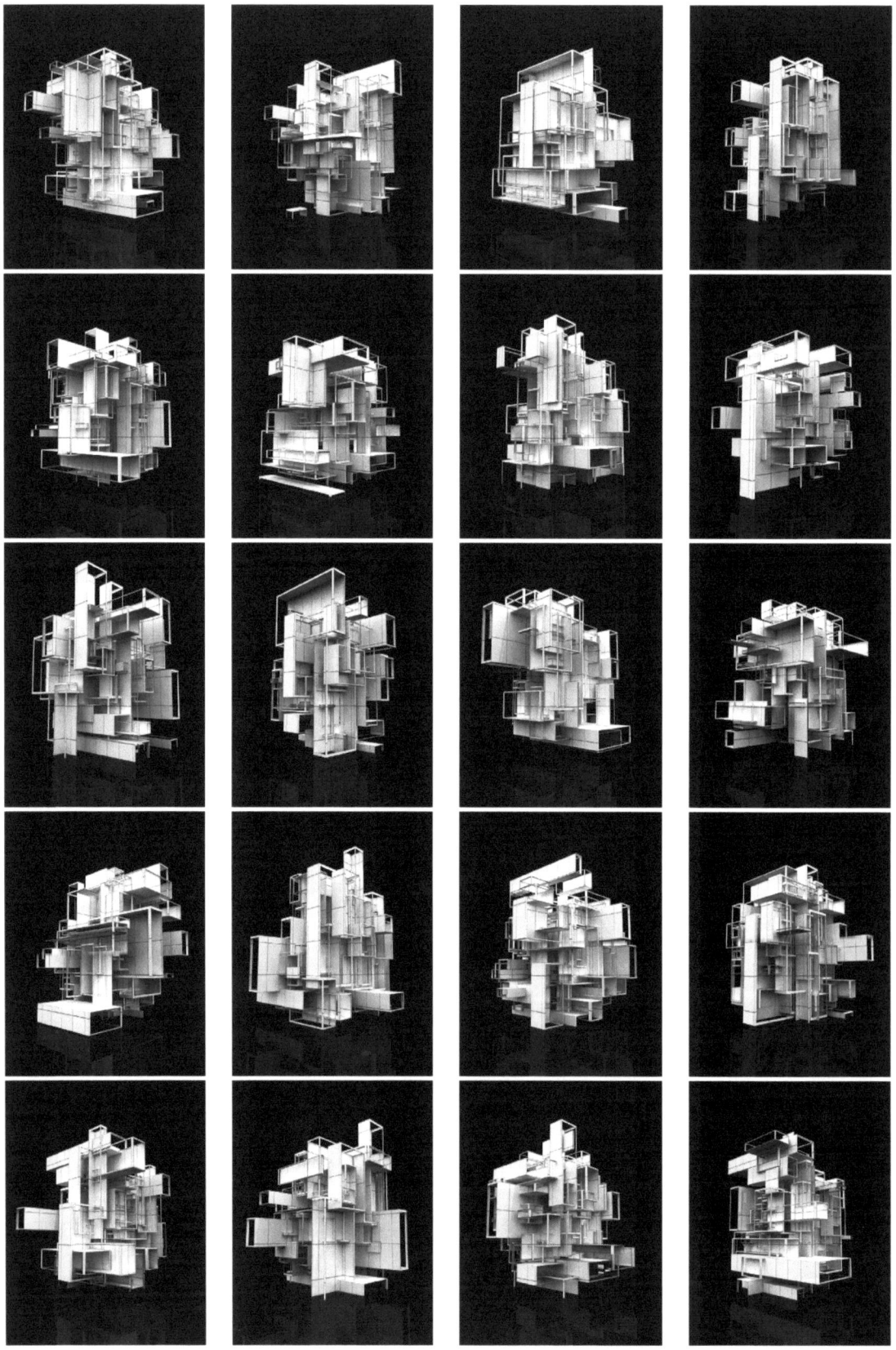

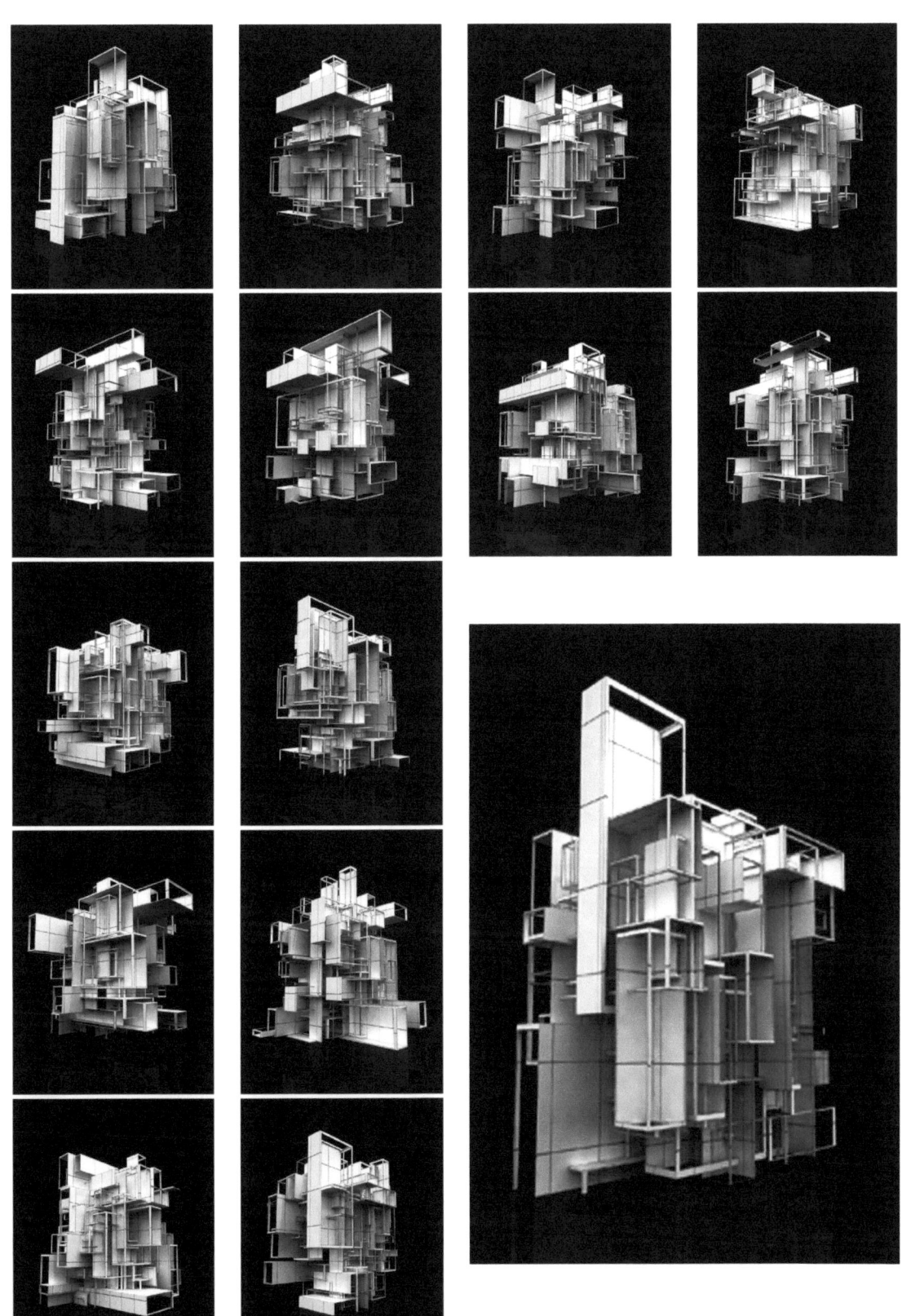

# Another Experience

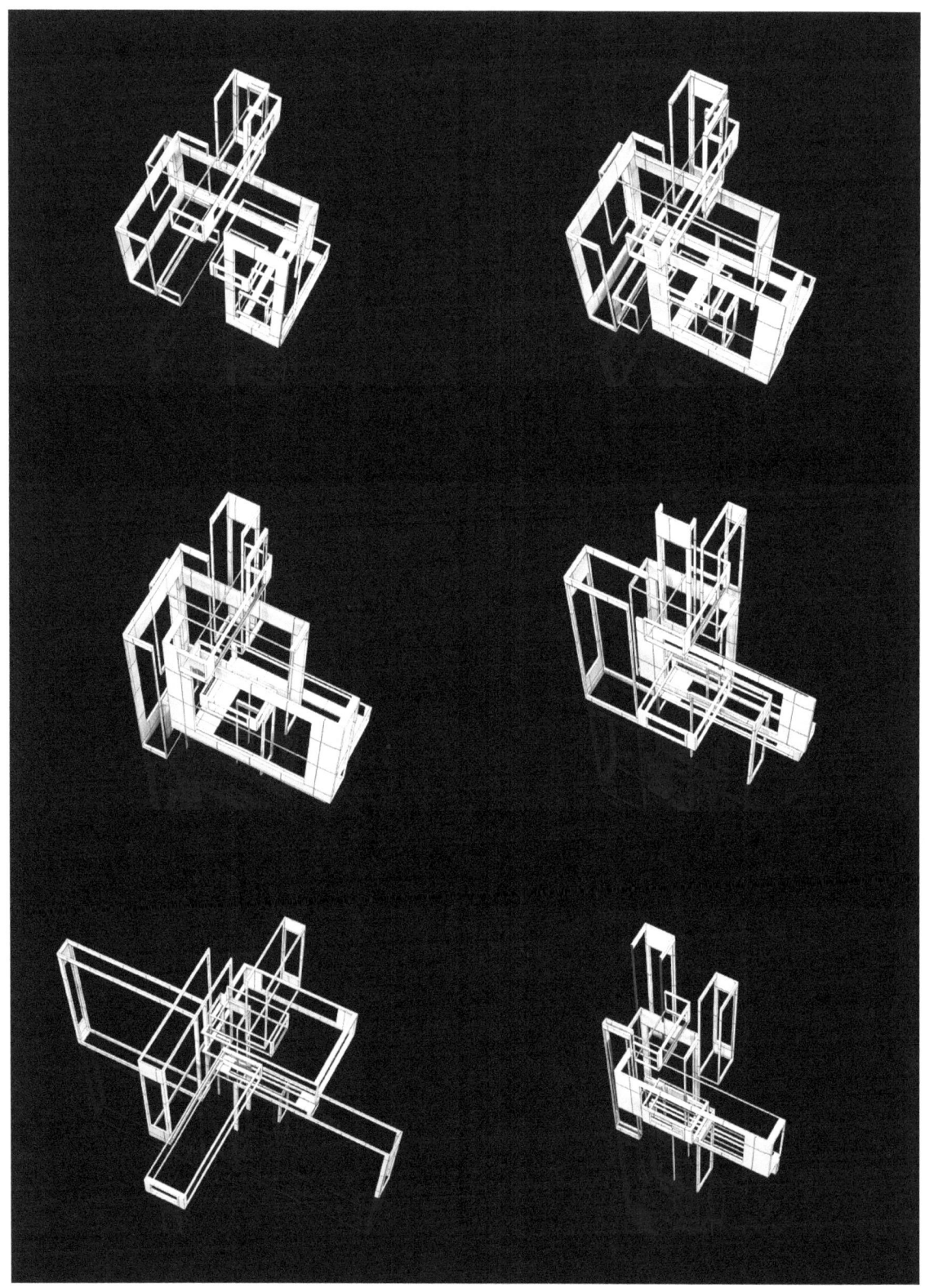

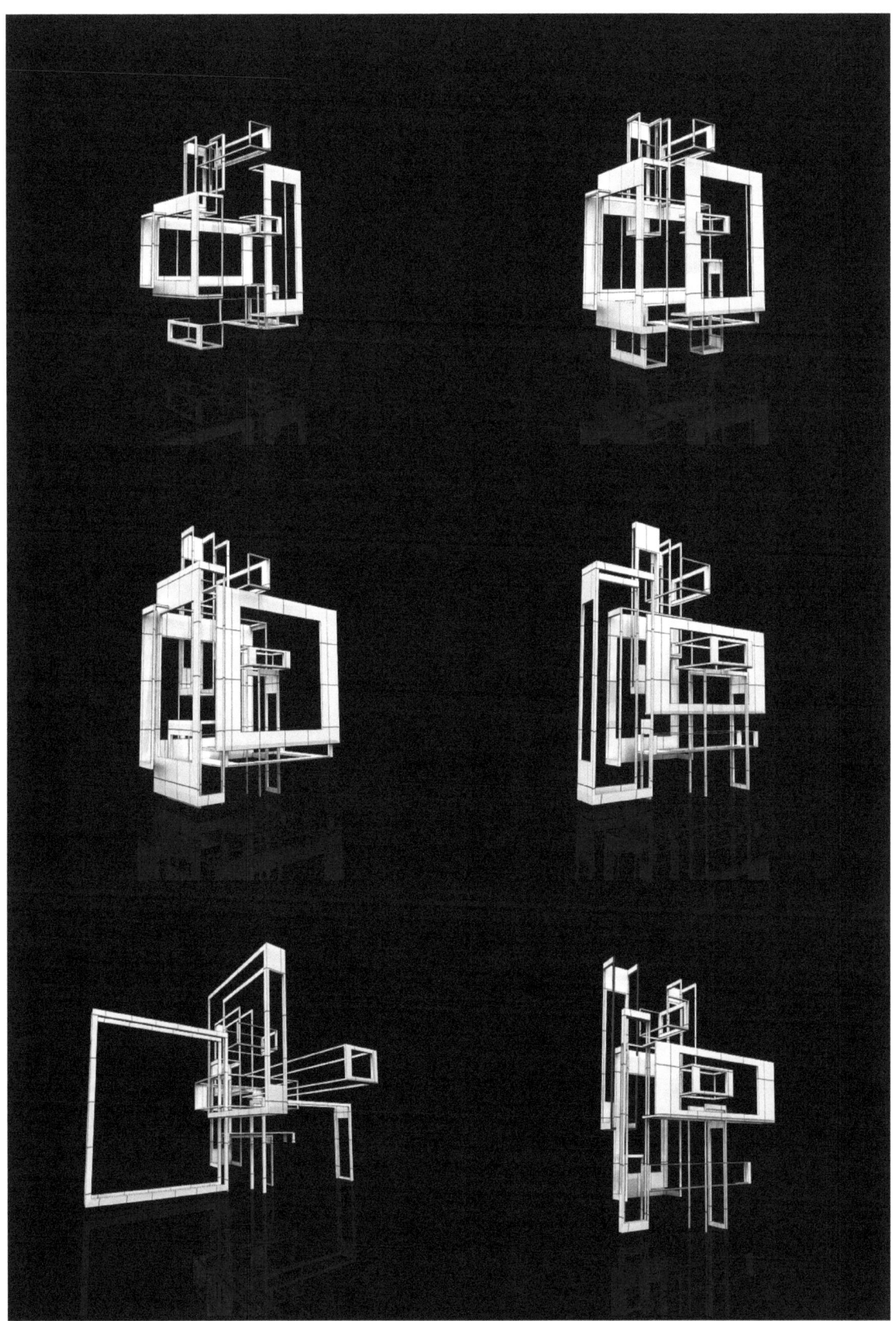

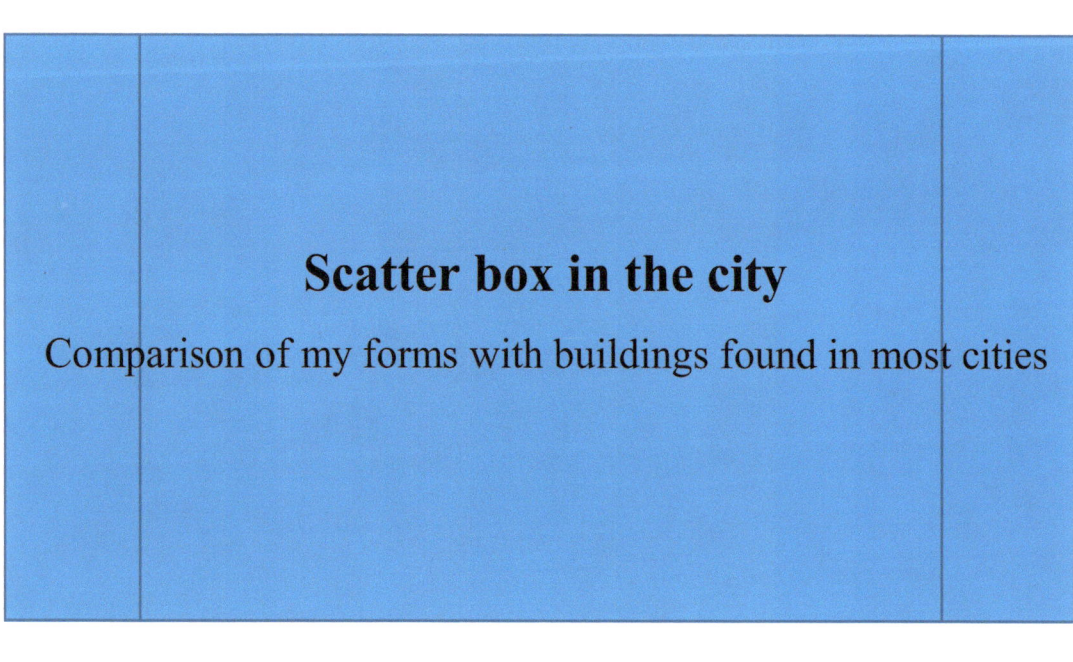
## Scatter box in the city
Comparison of my forms with buildings found in most cities

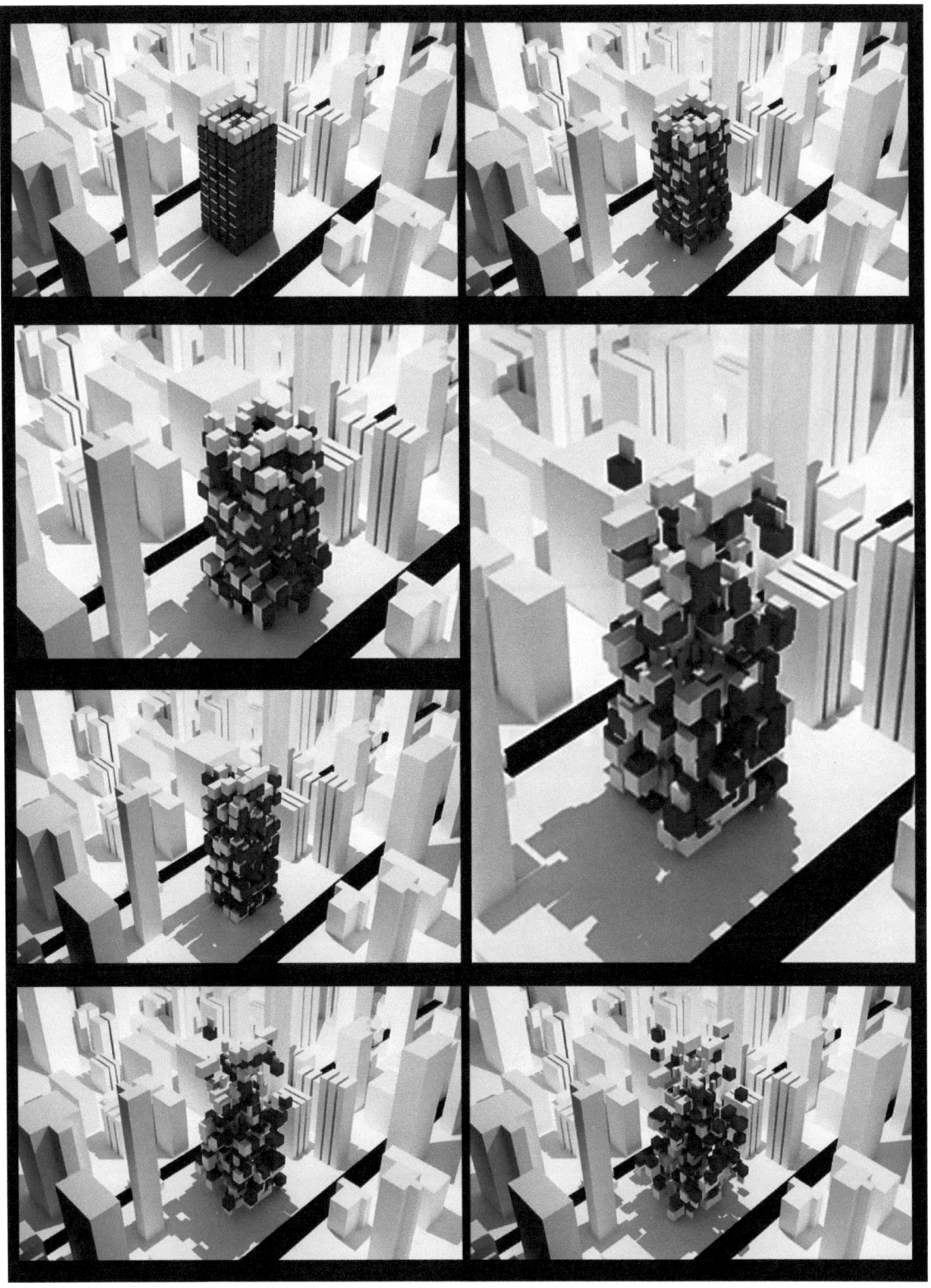

Scatter Box in the City

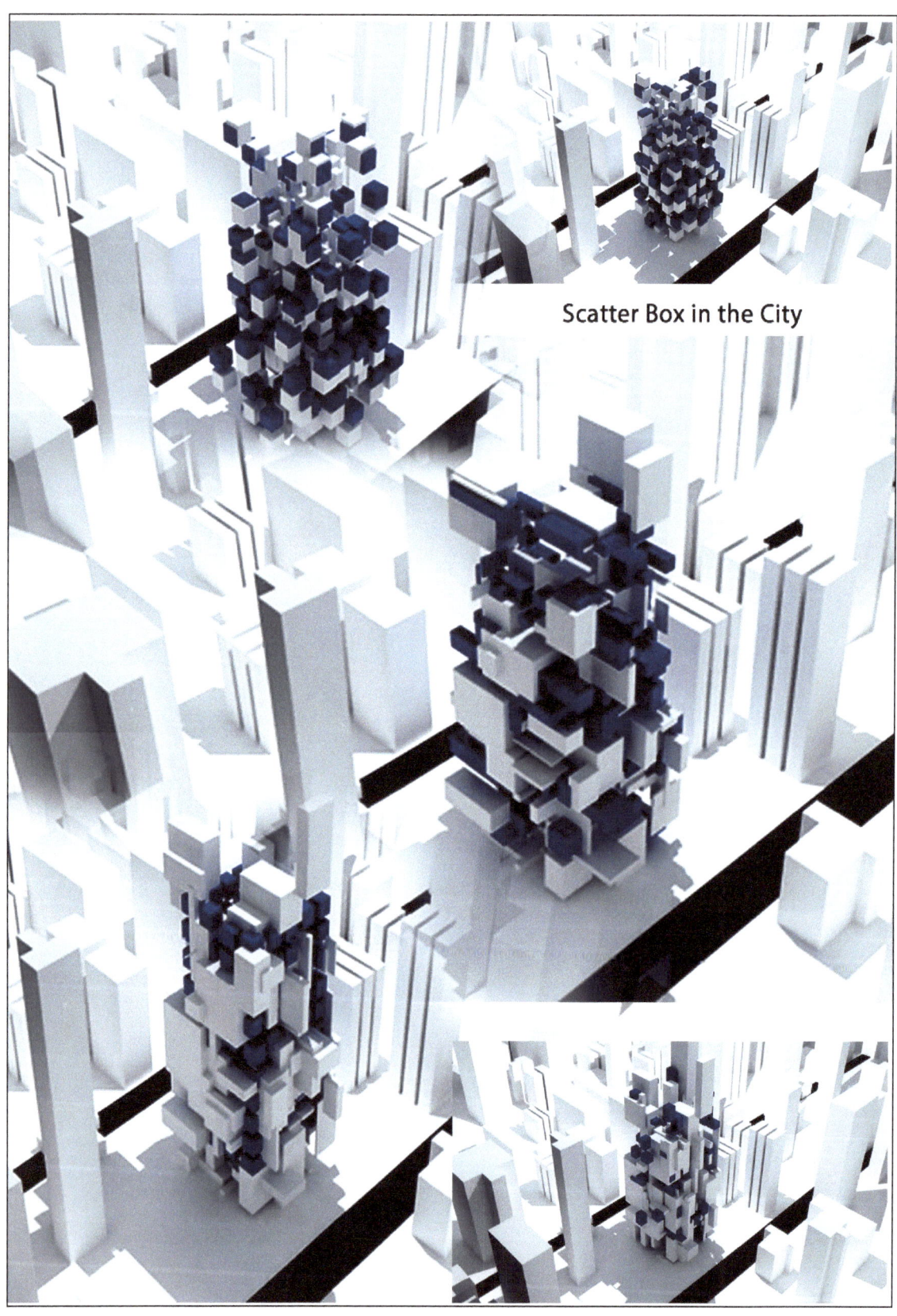

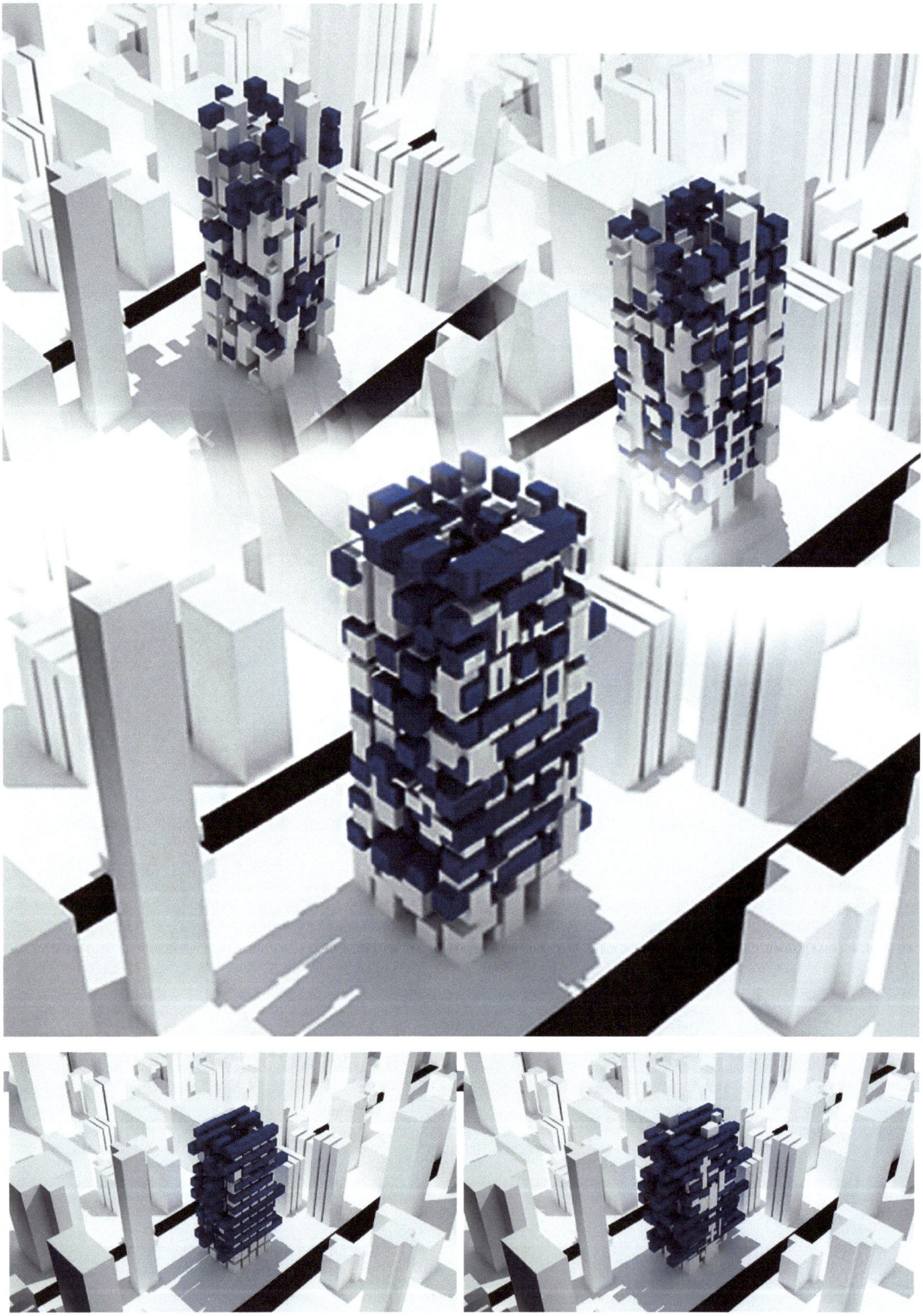

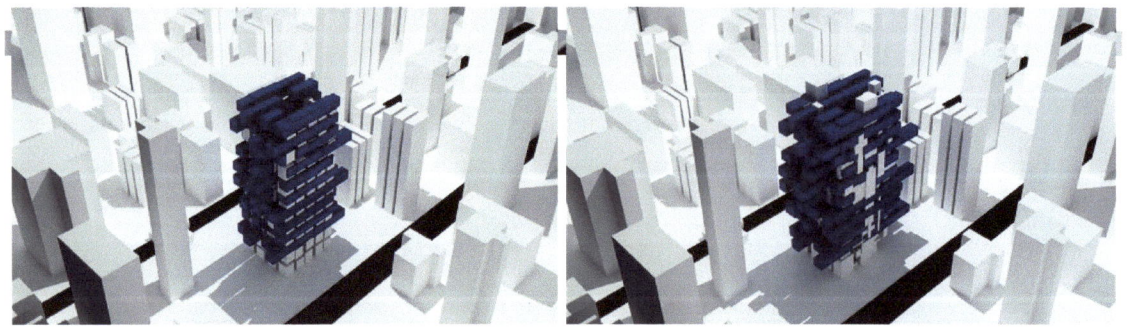

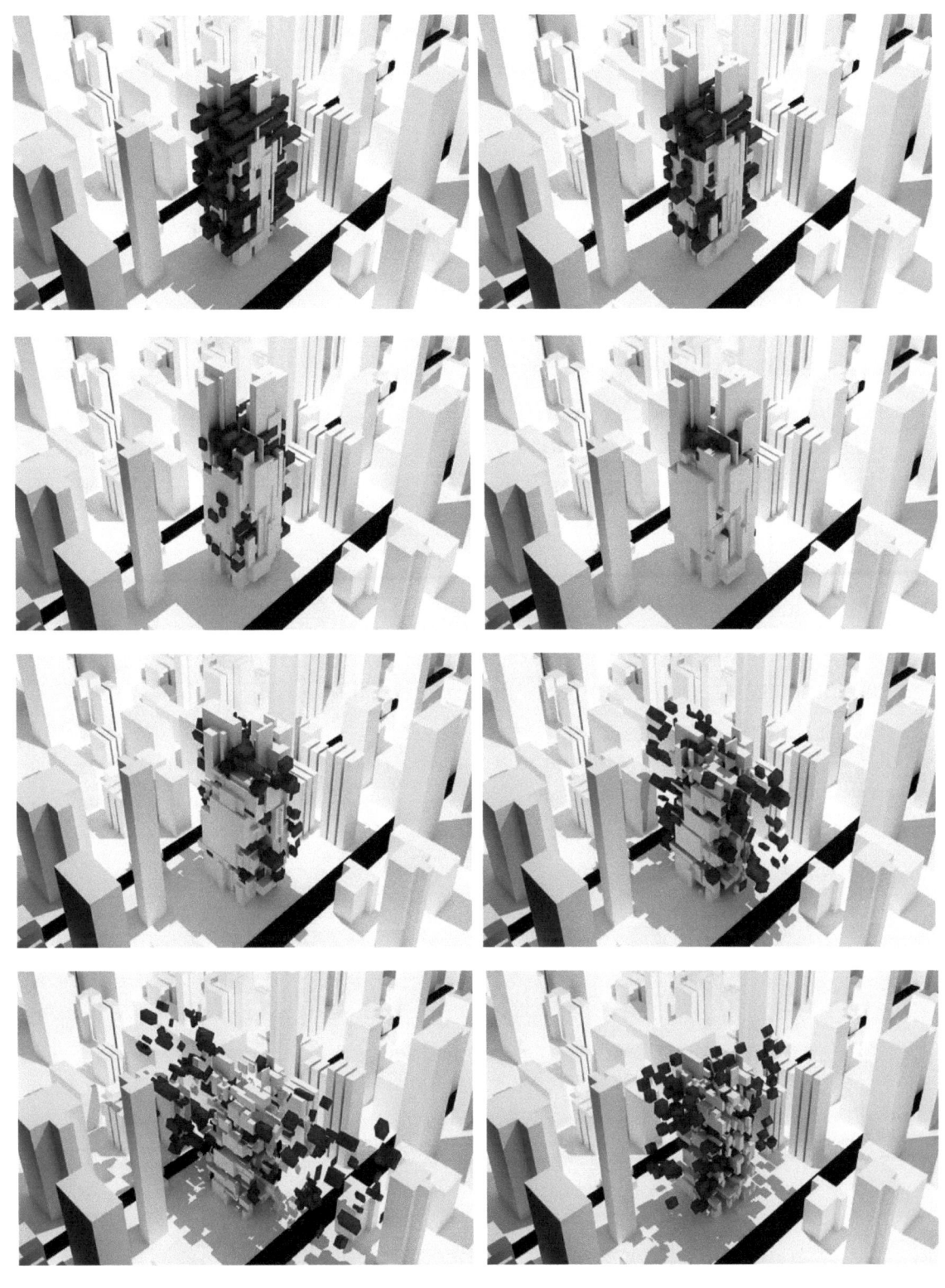

## From flat surface to curved one

This is a complete and specific traverse from a logic thought to a free and dynamic thought providing an appropriate space for appearing of different events and creativity. As their designer, forms charm me mad and they are full of infinite energies to create new spaces. Controlling of brain hemispheres- one of them as leader of logic thought and the other as leader of creative thought- helped me in this practice.

### از سطح صاف به سطح منحنی

این کار گذری کامل و مشخص از تفکر منطقی به تفکری پویا و آزاد است که فضایی مناسب برای ظهور اتفاقات متنوع و خلاقیت فراهم می کند. دیدن این فرم ها برای منی که طراح آنها هستم دیوانه کننده است و پر از انرژی لایتنهایی برای خلق فضاهای جدید. کنترل نیمکره های مغز که یکی سردمدار تفکر منطقی و دیگری تفکر خلاق است مرا در این گذر بسیار یاری می کند.

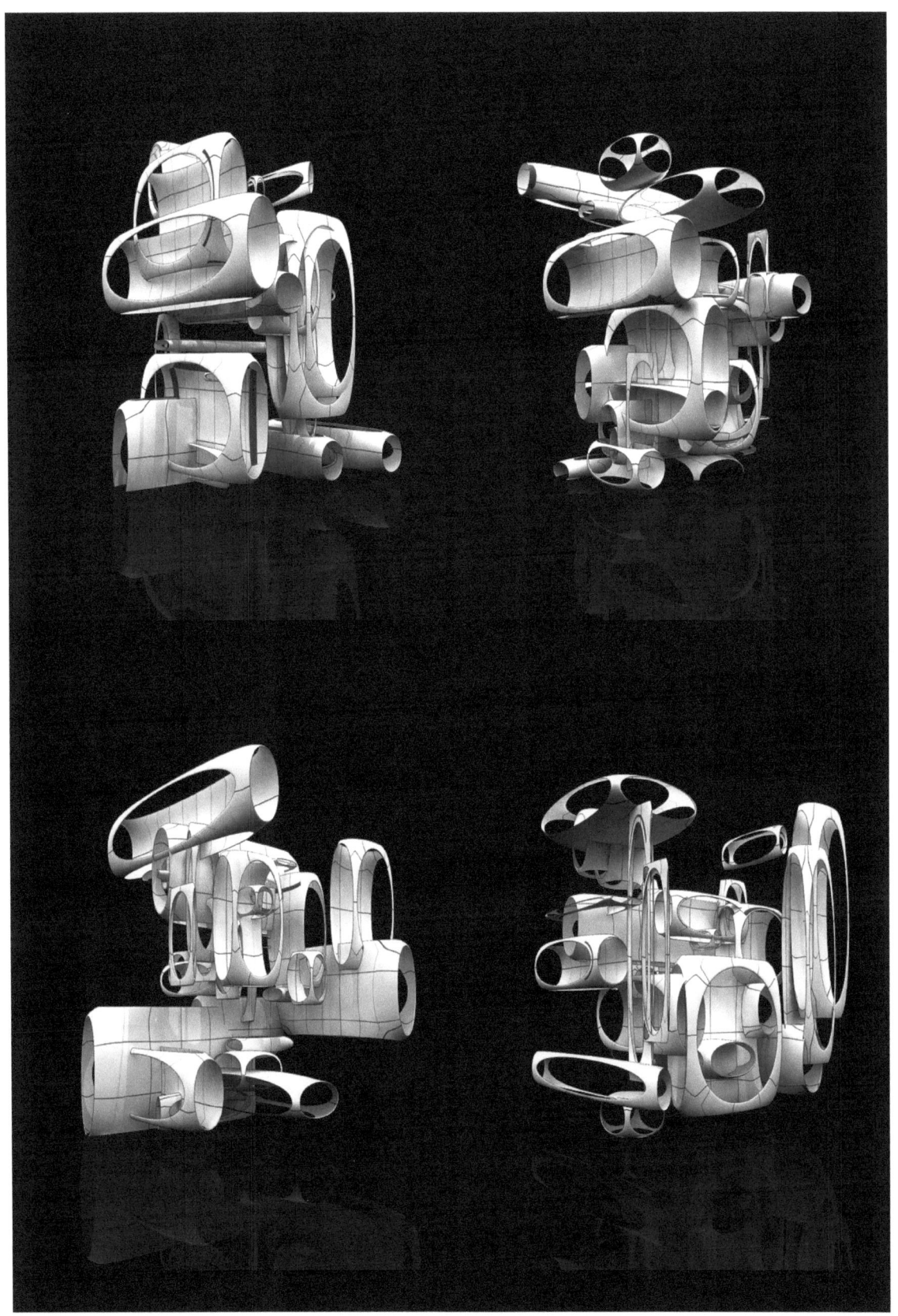

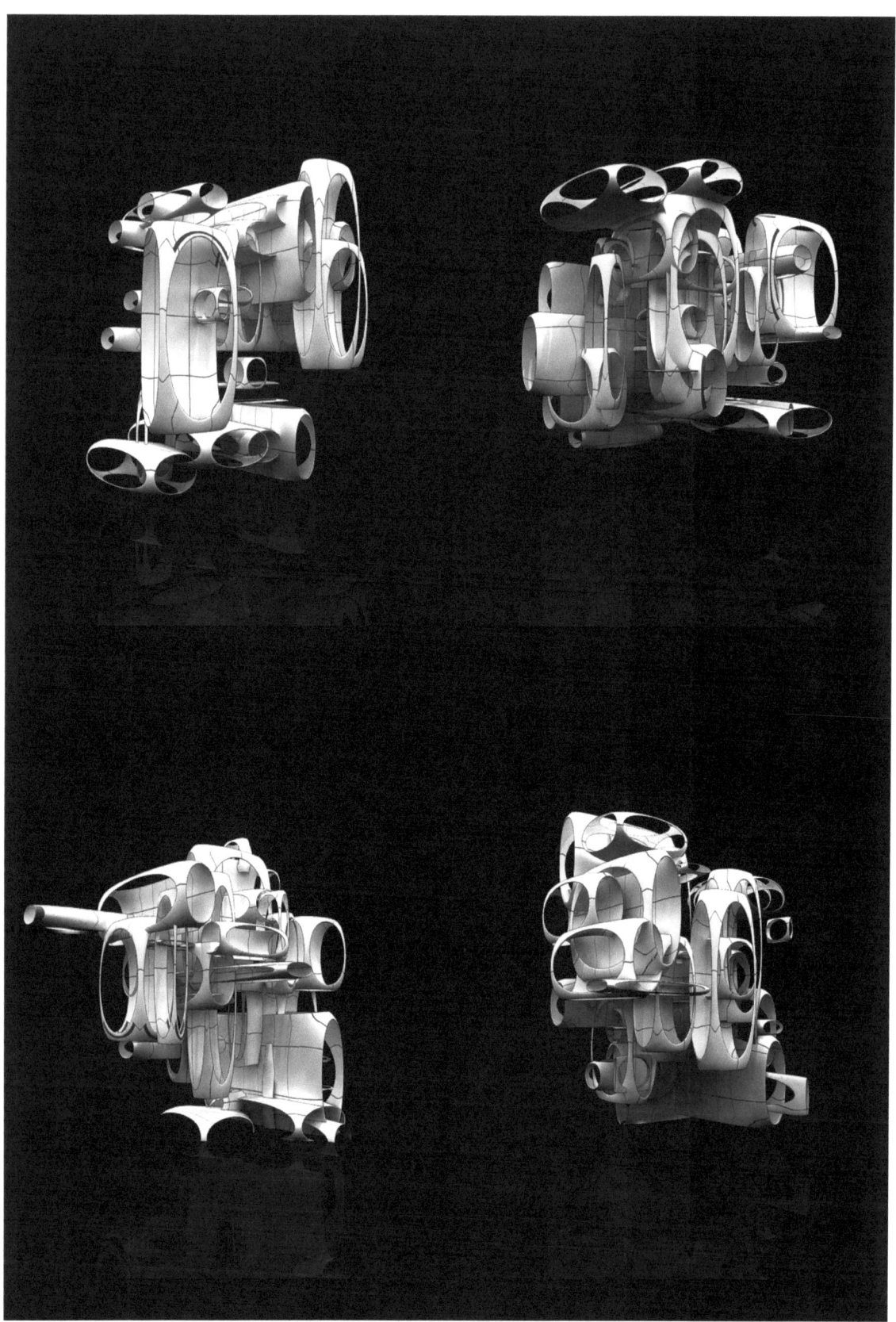

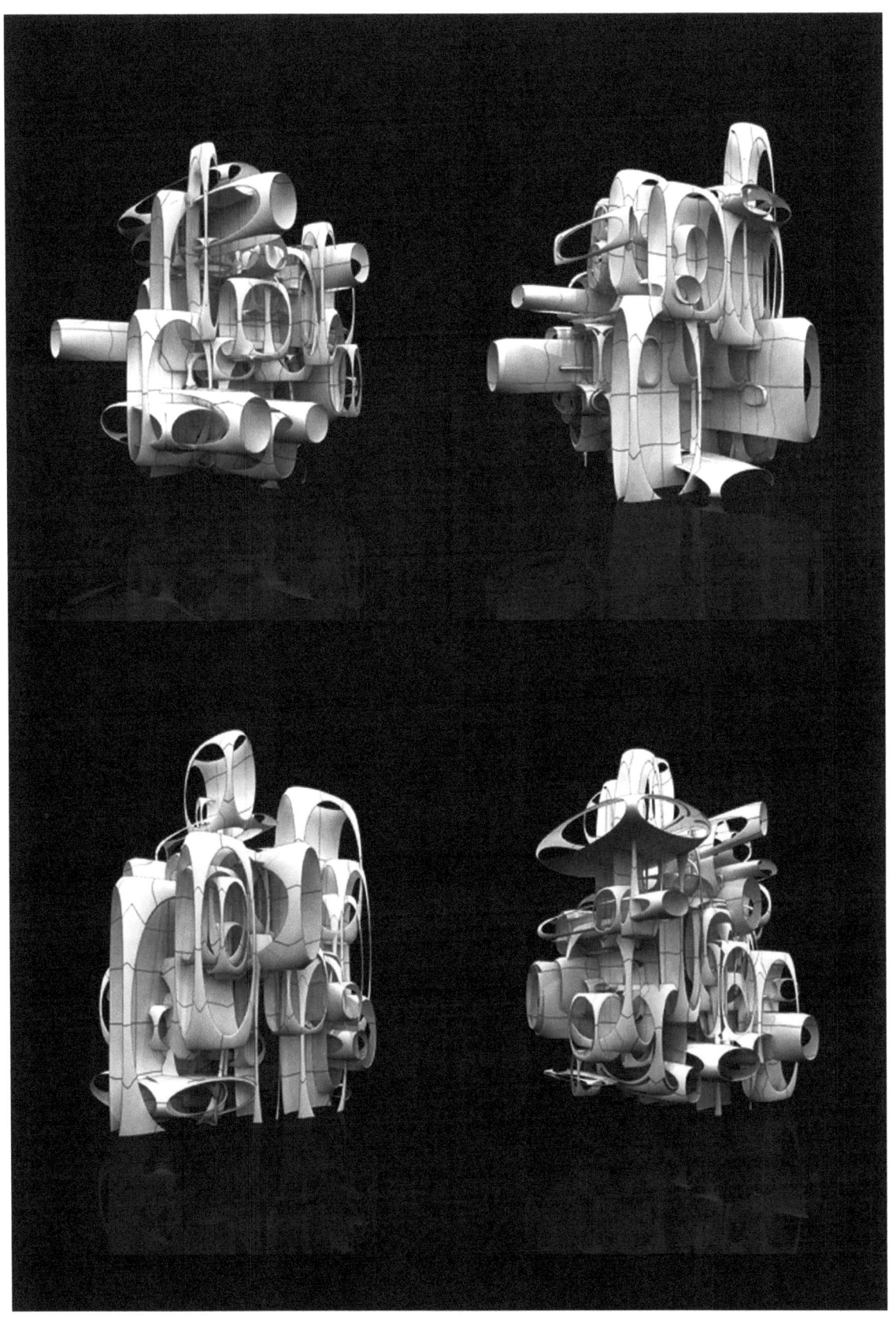

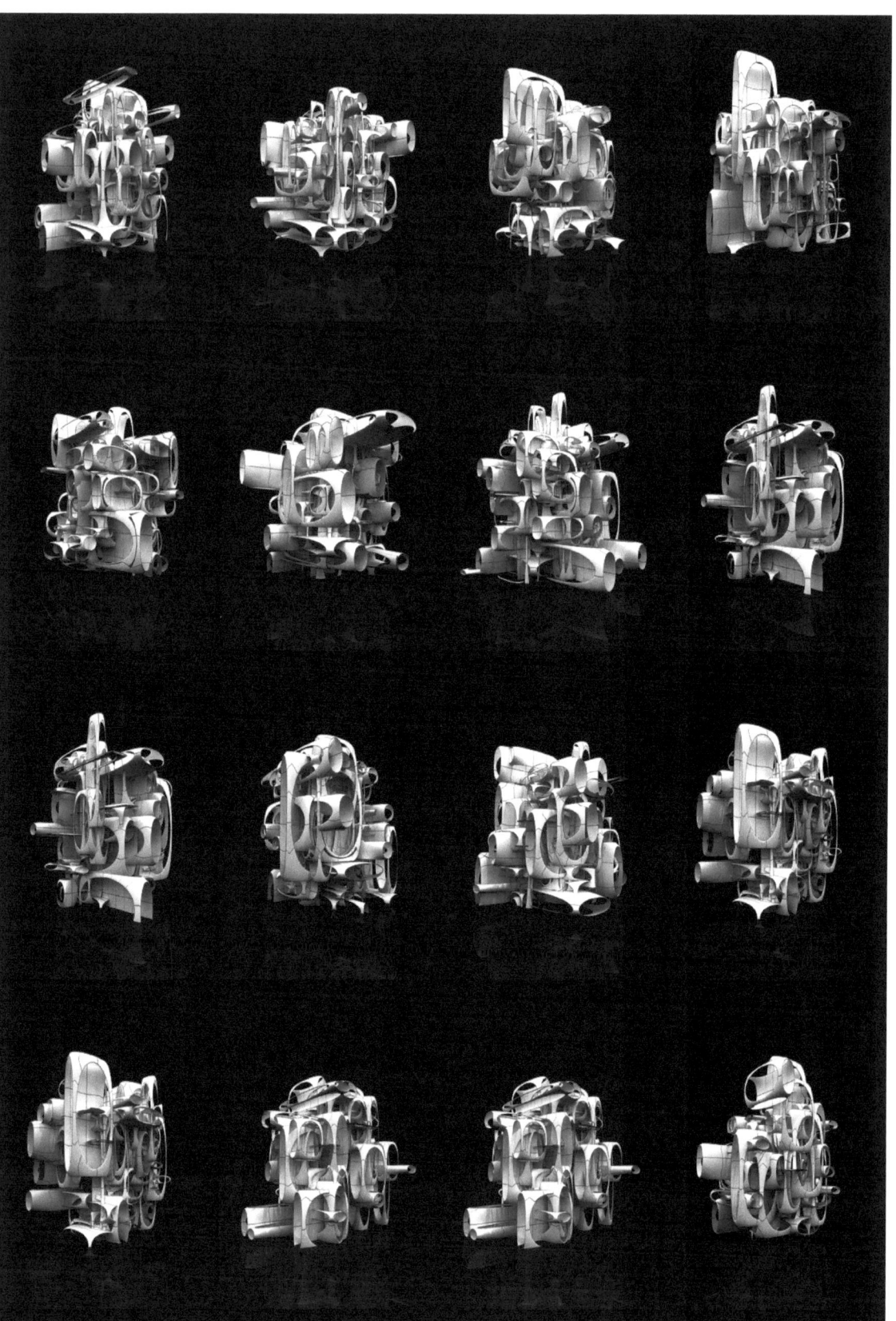

# Chapter 2

The chapter includes maquette made by Negar Pourmohsen, Farnaz Nasiri and Zahra Alaghmandan in a workshop known as "Book" in Interdisciplinary Design Office (www.iduarchitects.com). In this workshop, three-dimensional designs of the chapter 1 were introduced to the participants and the mentioned design process was explained to them. They made maquette re-defining cubes in the workshop. They began with simple structures and created complex structures through a process.

این فصل شمال ماکت هایی است که توسط خانم ها نگار پور محسن و فرناز نصیری و زهرا علاقمندان در کارگاهی با عنوان کتاب در دفتر طراحی میانگستره ساخته شد. در طی کارگاه طرح های سه بعدی فصل یک به شرکت کنندگان معرفی و فرآیند طراحی مذکور توضیح داده شد و ایشان در طول دوره ماکت هایی را در باز تعریف مکعب ساختند. از ساختار های ساده شروع کرده و در طی فرآیندی ساختار هایی پیچیده خلق کردند.

87

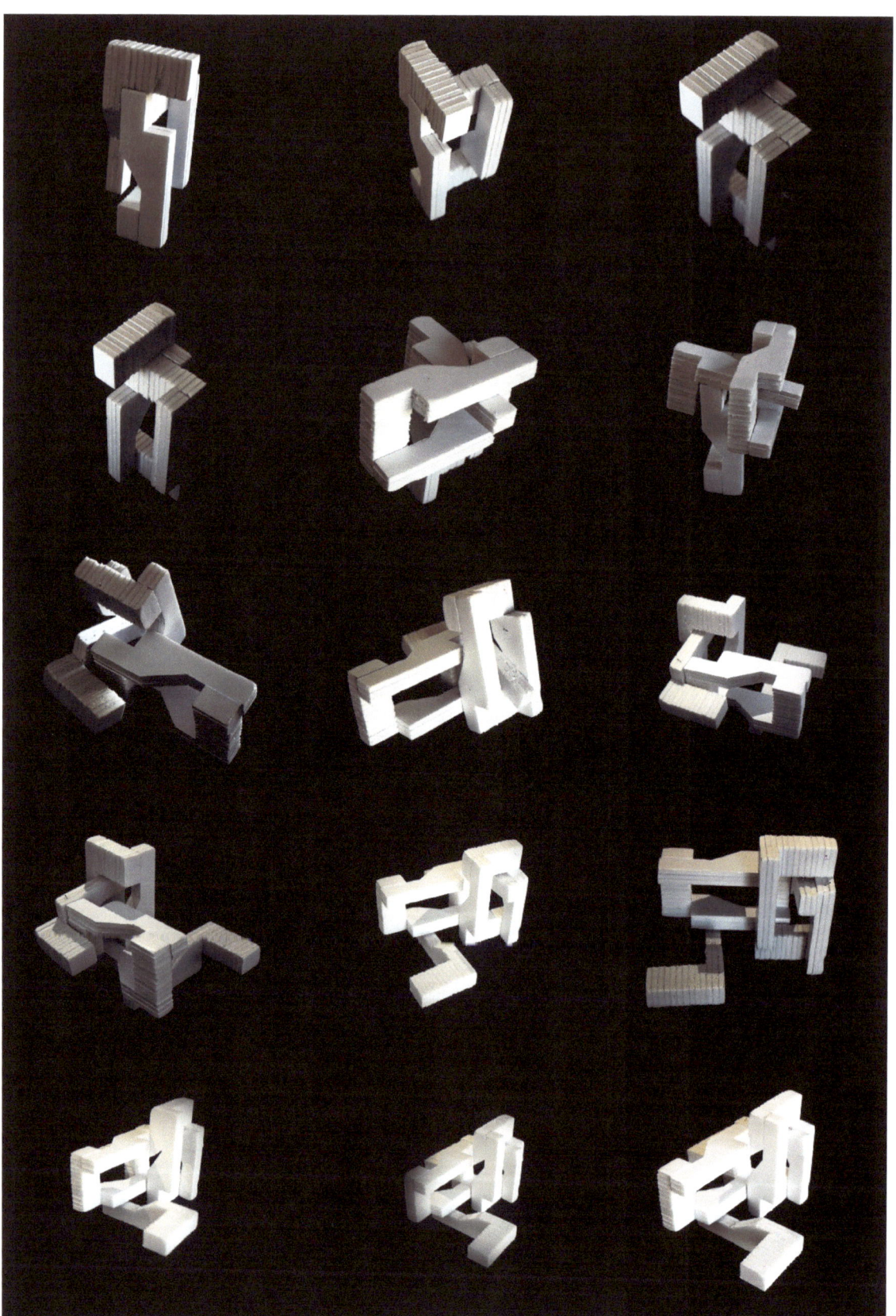

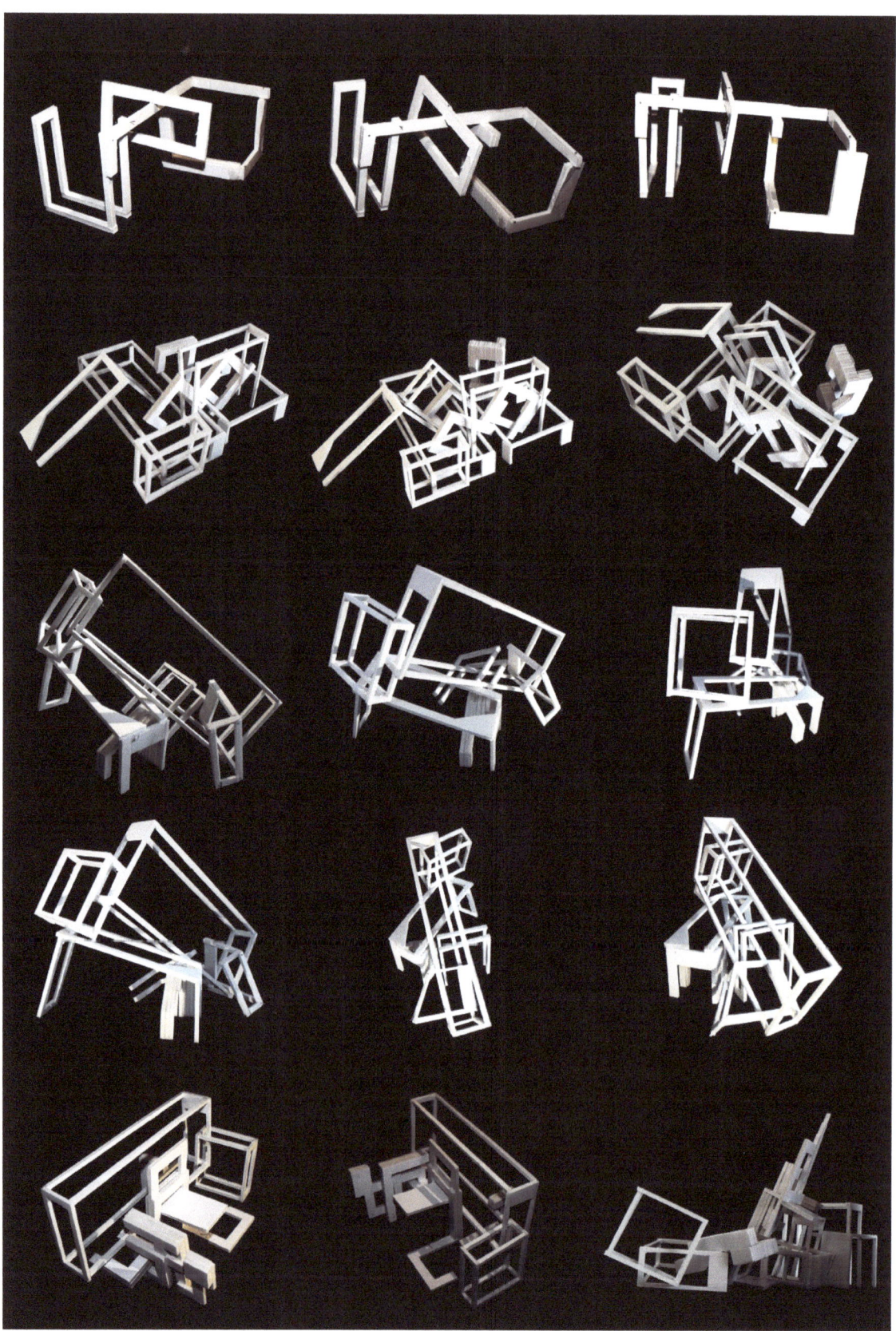

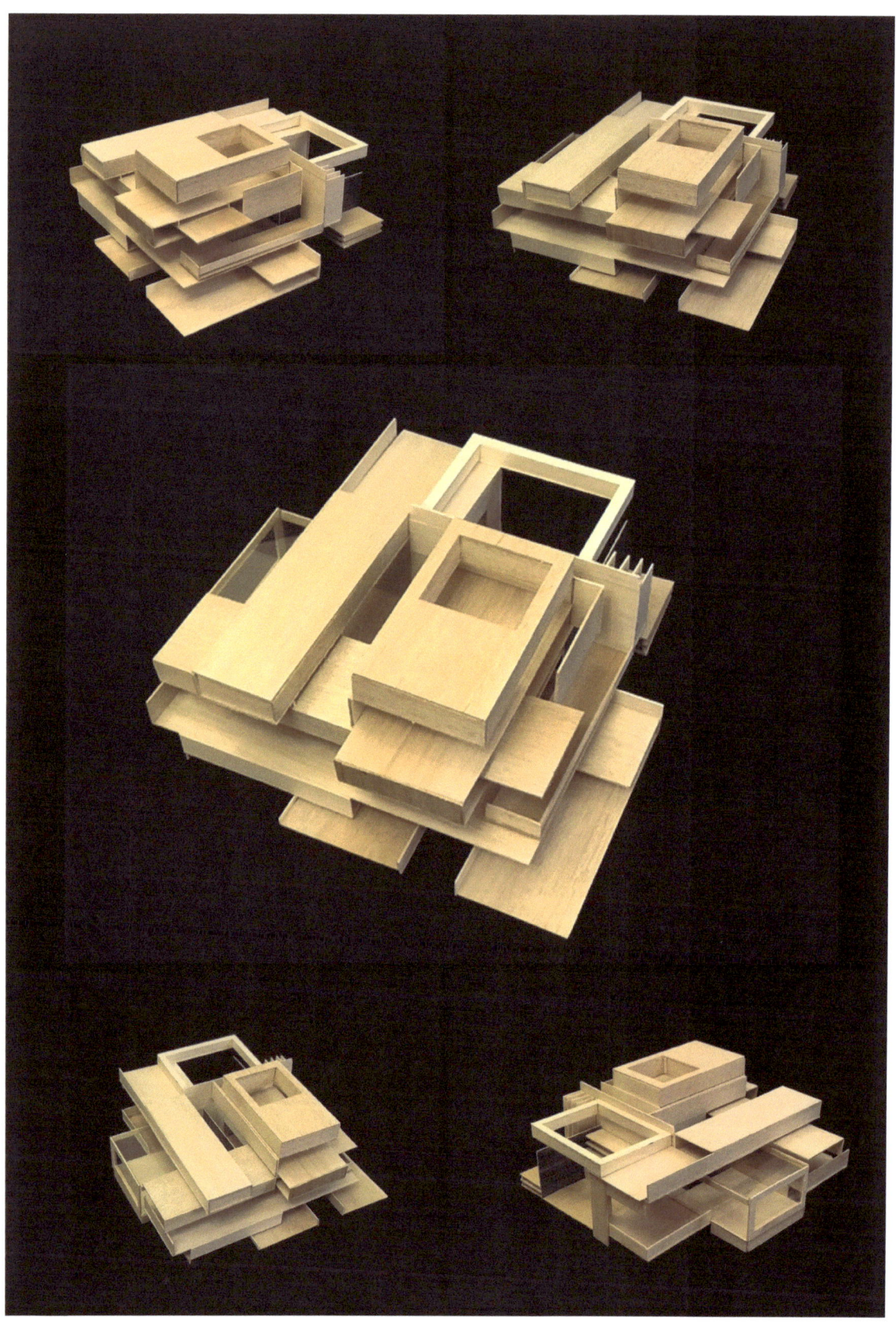

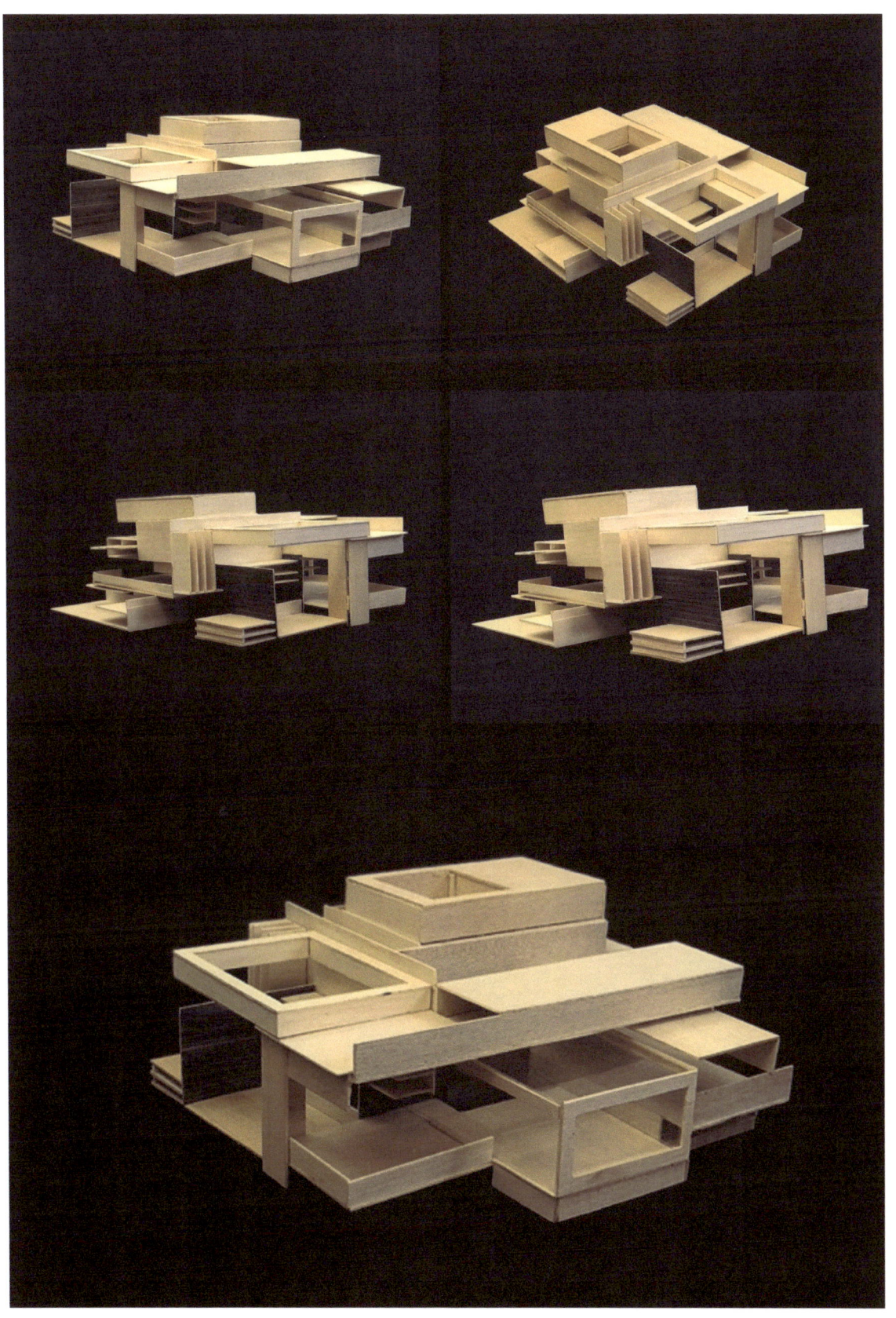

# Chapter 3

In this chapter, the last subjects and practices are repeated with more accuracy and creativity. Combination of elements and making the whole are the main issue.

در این فصل مباحث و تمرین‌های انجام شده را با دقت و خلاقیت بیشتری دوباره تکرار می کنیم.

ترکیب اجزاء و ساخت کل موضوع اصلی است.

My life depends on a person who is not here
Undoubtedly, my heart is home for a person who is not here
Being laden with her dreams behind the windows
A poet is being fascinated by a person who is not here
In my mind, there is a person midst the poem
The poem is conceived by dreams of a person who is not here
It got used to your hands in alleys
There is a city of dreams without a person who is not here
As always, I sat on the desk which just
Host my fatigues and cup of tea of a person who is not here
In rain, staring of two persons, alley, each other
A person who is not here is responsible for death of the memories

The poem of Ehsan Kamal

**From line to surface and from surface to volume, to space, to architecture**

Surface was excluded from this practice. A space made of cube volumes and lines which are separate from each other in spite of their connection. There is a vacant distance between them. They demand for presence of another element. Something is absent but it does not weaken adherence of the space. The lines are displaced, pass through white cubes, stitch them together, and sometimes send them out. The white cubes want to remain faithful to the linear structure. They want to gather but something is absent and endeavor of lines and volumes only results in creation of various spaces.

| | |
|---|---|
| نفسم بند نفس های کسی هست که نیست | بی گمان در دل من جای کسی هست که نیست |
| غرق رؤیای خودش پشت همین پنجره ها | شاعری محو تماشای کسی هست که نیست |
| در خیالم وسط شعر کسی هست که هست | شعر آبستن رؤیای کسی هست که نیست |
| کوچه در کوچه به دستان تو عادت می کرد | شهری از خاطره منهای کسی هست که نیست |
| مثل هر روز نشستم سرمیزی که فقط | خستگی های من و جای کسی هست که نیست |
| زیر باران دو نفر, کوچه, به هم خیره شدن | مرگ این خاطره ها پای کسی هست که نیست |

...

احسان کمال


از خط به سطح و از سطح به حجم، به فضا، به معماری

در این تمرین سطح حذف شده است. فضایی ساخته شده از خط و احجام مکعبی، که در عین ارتباط از یکدیگر جدا هستند. فاصله بین آنها خالی است. حضور عنصری دیگر را می طلبد. چیزی در این میان غایب است ولی از انسجام فضا نمی کاهد. خطوط جابه جا می شوند، از مکعب‌های سفید عبور می‌کنند. آنها را به هم می دوزند و گاهی به بیرون هول می دهند. مکعب های سفید می خواهند به ساختار خطی وقفادار بمانند، می خواهند یکجا جمع شوند ولی چیزی در این میان غایب است. و تلاش و تکاپوی خطوط و احجام، تنها به خلقّ فضاهای متنوع منجر می شود.

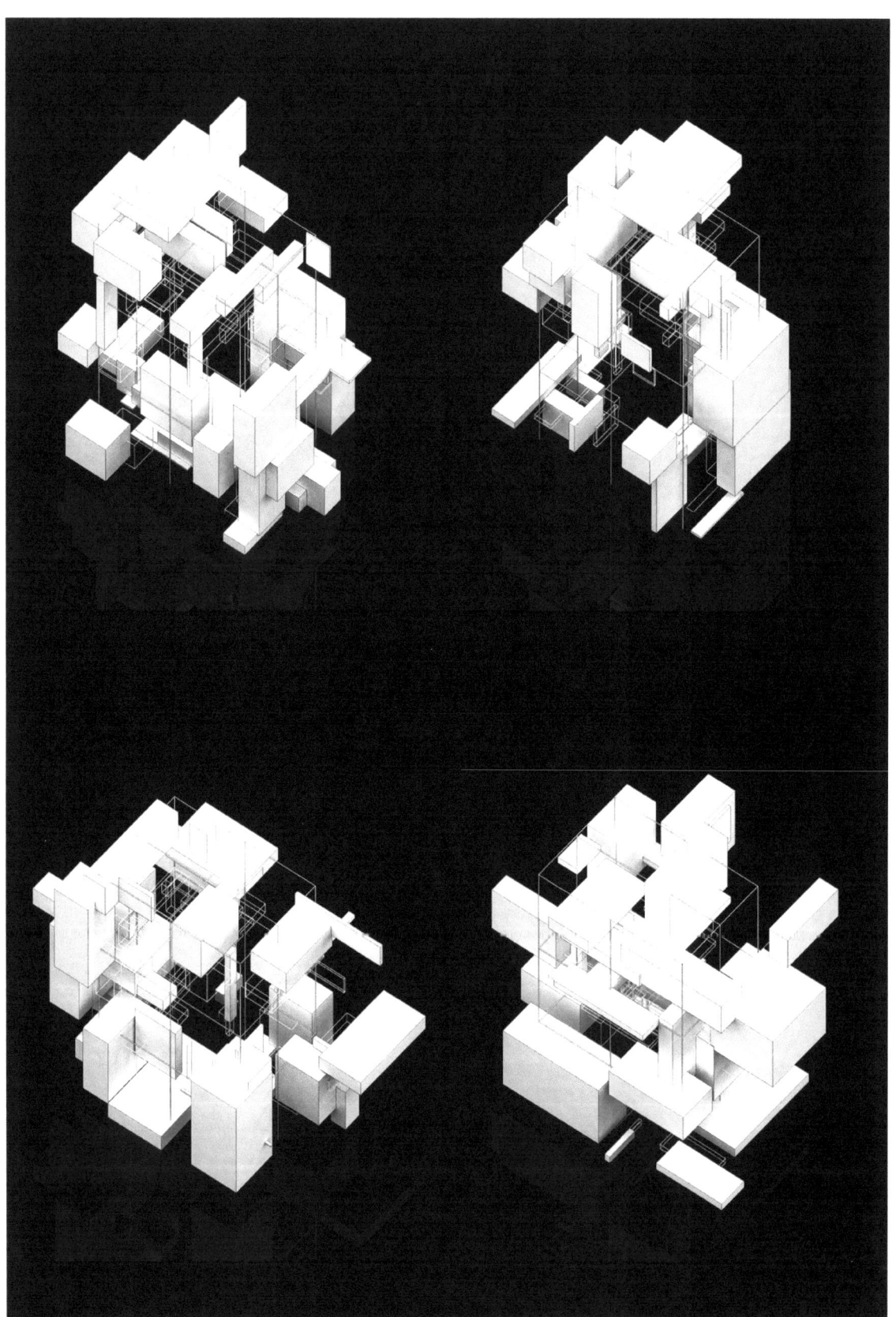

**A beautiful woman came to the border of a river**

**Do not let the water mud**

**Beautiful faces have been twice as much**

**How refreshing the water is!**

**How limpid the river is!**

Part of "Do not let the water mud" poem, by Sohrab Sepehri

Pay attention to the floor reflection. The border between the volumes fade and the space finds a new and mysterious quality. In the next practice, the reflection enters the space with mirror cubes and grants a binary presence to the space.

زن زیبایی آمد لب رود،

آب را گل نکنیم:

روی زیبا دو برابر شده است.

چه گوارا این آب!

چه زلال این رود!

بخشی از شعر آب را گل نکنیم سهراب سپهری

ه انعکاس کف دقت کنید. مرز بین احجام کم رنگ می شود. و فضا کیفیت جدید و رمزآلودی پیدا می کند. در
مرین بعدی انعکاس با مکعبی هایی آینه ای وارد فضا می شود. حضوری دو گانه به فضا می بخشد.

Who is in the mirror?
Do I know you?
**I am not sure this is you. But, you have a deep effect.**
Mirror cubes are scattered between white cubes and lines and reflect them, or, it is better to say, repeat them. There are also black cubes which could not be recognized easily. They are mirrors which have not found an element to reflect and, thus, they reflect blackness of the surrounding. The vacancy between white cubes and lines are filled gently and incite our curiosity to identify the images reflected in the mirrors.

Imagine that mirrors are human eyes moving in space. Ask yourself: what do they see? How much of the space can be observed and perceived by them? Is so many combination and variety required?

در آینه کیست؟

می شناسمت؟

**شک دارم که خودت باشی ولی تاثیرت عمیق است**

مکعب های آینه ای لابلای خطوط و مکعب های سفید پخش شده اند و آنها را منعکس می کنند و یا بهتر بگویم تکرار می کنند. مکعب های سیاهی نیز در این بین هستند که به سختی قابل تشخیص اند. آنها آینه هایی هستند که عنصری برای انعکاس نیافته اند و سیاهی محیط را منعکس می کنند. خلا مابین خطوط و مکعب های سفید با ملایمت پر می شود و کنجکاوی ما را برای شناسایی تصاویر منعکس شده در آینه ها تحریک می‌کند.

آینه ها را چشمان انسان‌هایی فرض کنید که در فضا حرکت می‌کنند. از خود بپرسید چه می‌بینند؟ چه حجمی از فضا برای آنها قابل مشاهده و درک است؟ آیا نیازی به این همه تنوع و ترکیب فرم است؟

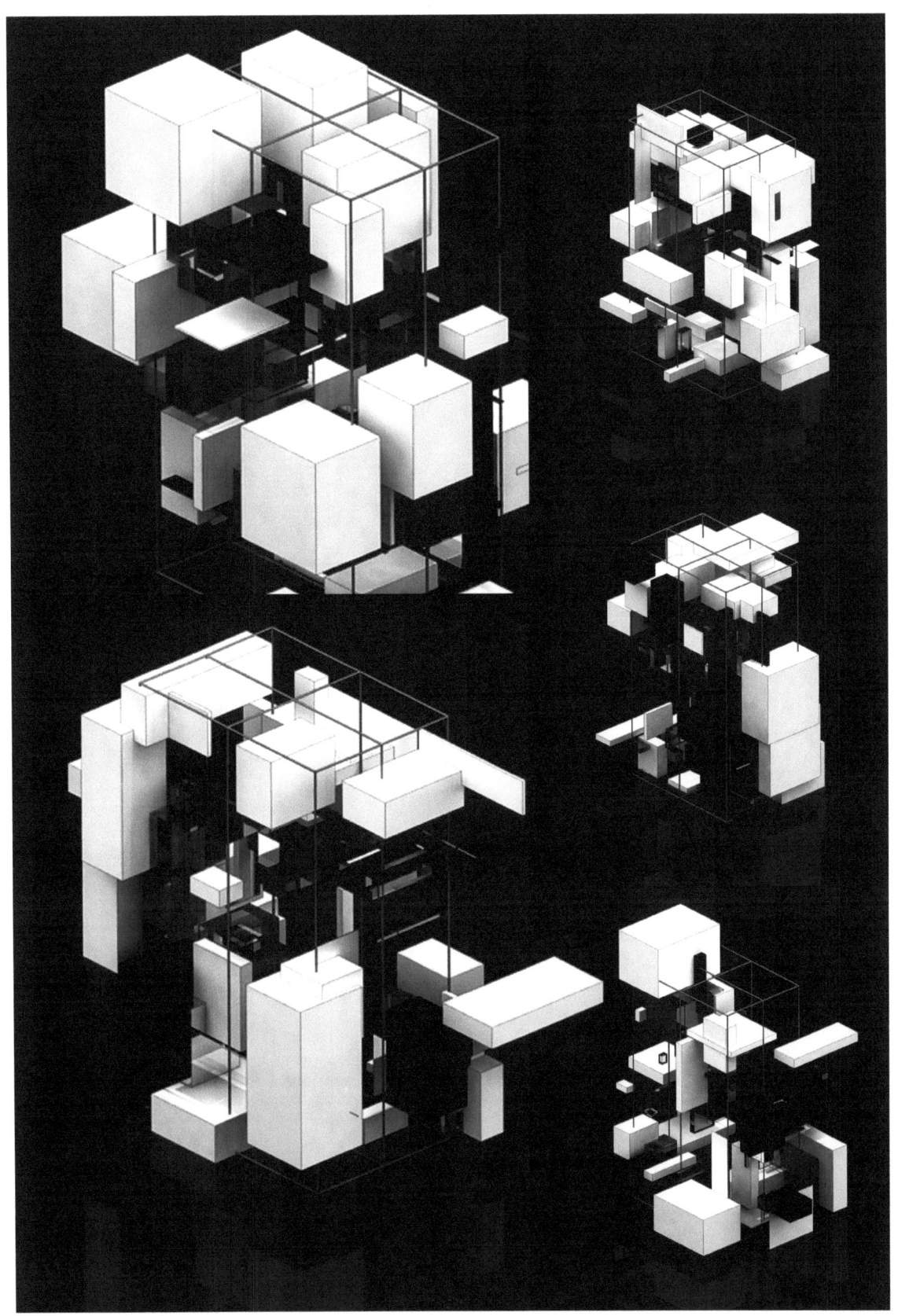

## Spheres dance. Where are cubes?

Cube and sphere have completely different structures. They are different conceptually, too. I wondered that is it possible to imagine a cube made of spheres.

**کره‌ها می‌رقصند، مکعب کجاست؟**

مکعب و کره دو ساختاری کاملا متفاوت دارندو به لحاظ مفهومی نیز با هم فرق می کنند.

سوالی که از خودم پرسیدم:

آیا می توان مکعبی تجسم کرد که از کره ساخته شده باشد؟

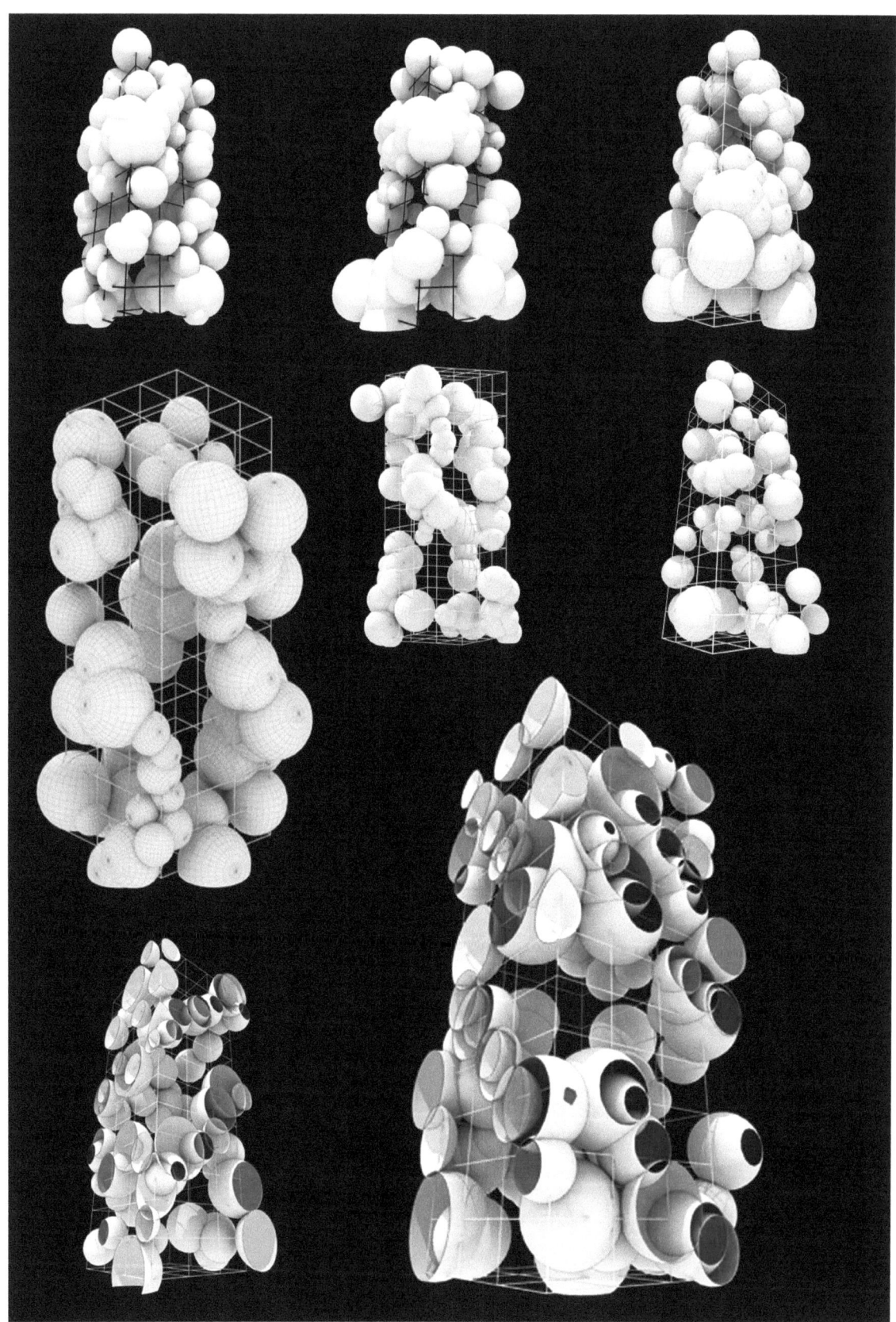

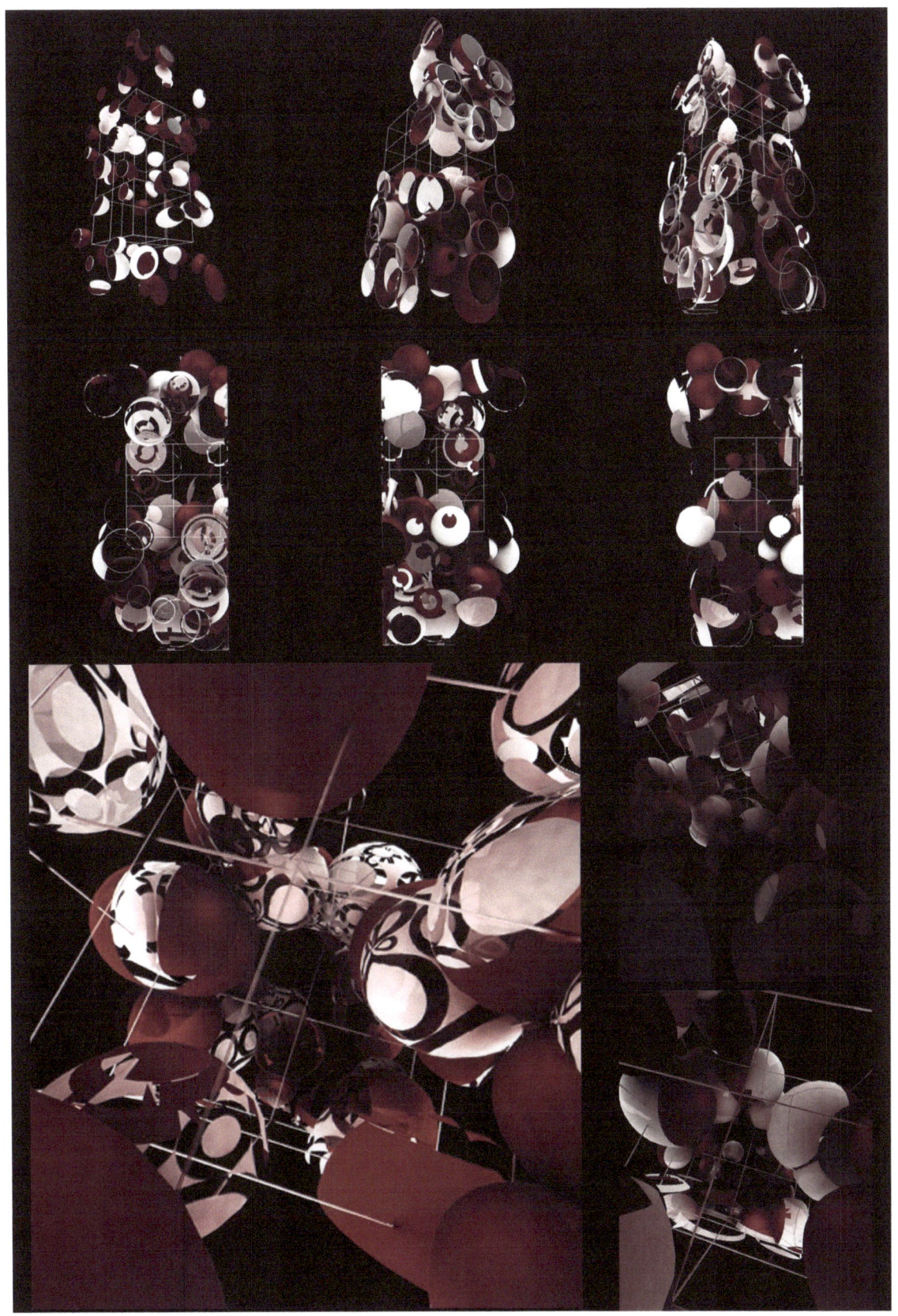

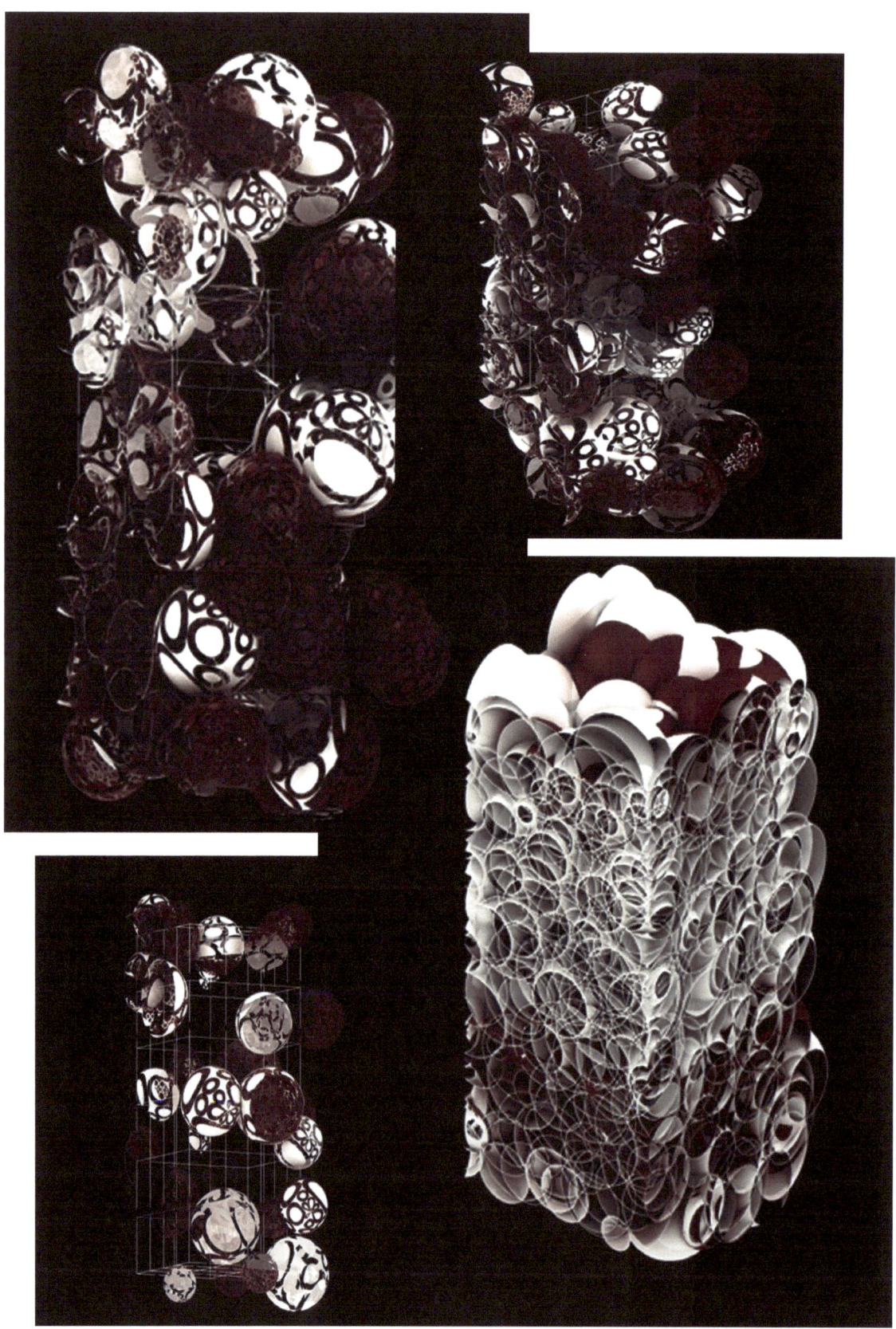

# Many spheres+ many cubes

I wonder my mind intends to create complexity or there is a hidden creativity behind each complexity and even disorder.

Designer's mind has several ideas brought forth when it is possible. In particular, when you deal with powerful software, you encounter with several different ideas and forms where the mind is eager to realize each of them. It is really important to be courage to express the ideas, experience them, and pay attention to them. Then, the margins and redundancies go away (not omitted) and the main design is manifested.

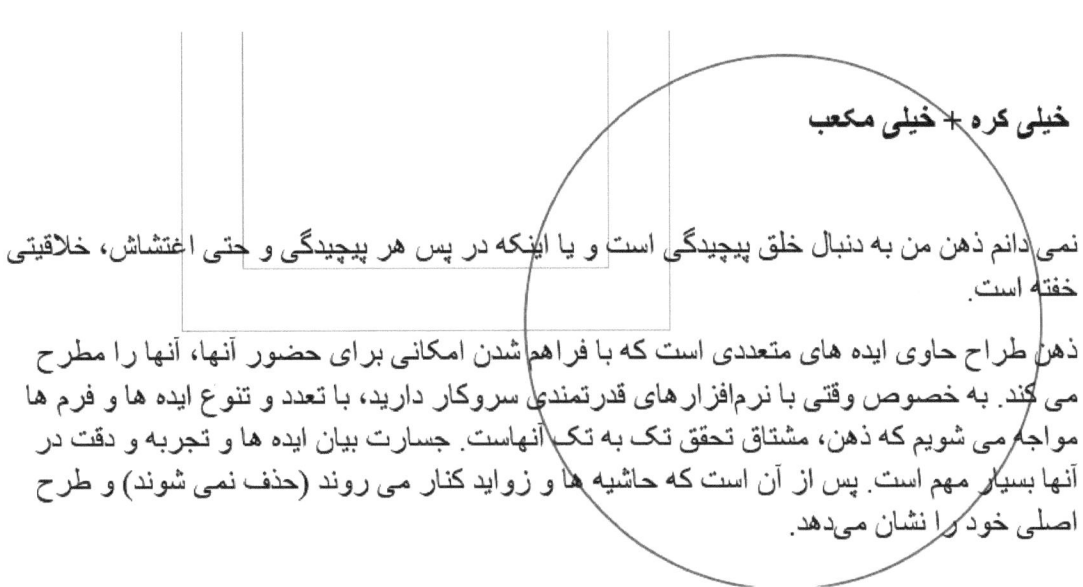

خیلی کره + خیلی مکعب

نمی‌دانم ذهن من به دنبال خلق پیچیدگی است و یا اینکه در پس هر پیچیدگی و حتی اغتشاش، خلاقیتی خفته است.

ذهن طراح حاوی ایده های متعددی است که با فراهم شدن امکانی برای حضور آنها، آنها را مطرح می‌کند. به خصوص وقتی با نرم‌افزارهای قدرتمندی سروکار دارید، با تعدد و تنوع ایده ها و فرم ها مواجه می شویم که ذهن، مشتاق تحقق تک به تک آنهاست. جسارت بیان ایده ها و تجربه و دقت در آنها بسیار مهم است. پس از آن است که حاشیه ها و زواید کنار می روند (حذف نمی شوند) و طرح اصلی خود را نشان می‌دهد.

Roof plan of the spheres and cubes was interesting. It was like an abstract painting.

# Chapter 4

من همانم که هستم تنها چهره‌ام عوض شده

با هر تغییر چهره، چیزی از درونم، کم و یا به آن افزوده می‌شود.

"من" به هزاران رنگ در می‌آیم و به هزاران زبان سخن می‌گویم

تا مرا بهتر بشناسی.

I am the same person. Only my face has changed.

Upon any face change, something is reduced from or added to my mind.

"I" am colored by thousands of colors and speak in thousand languages

To know me better

 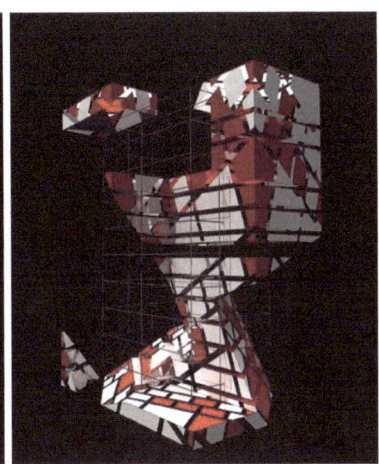 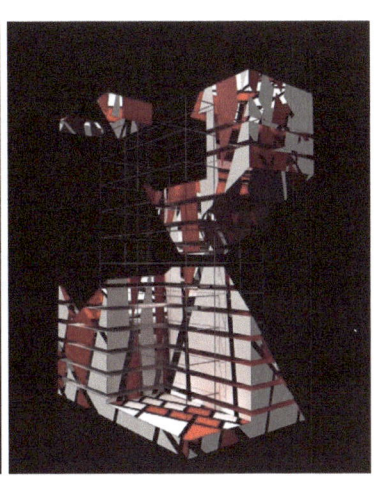
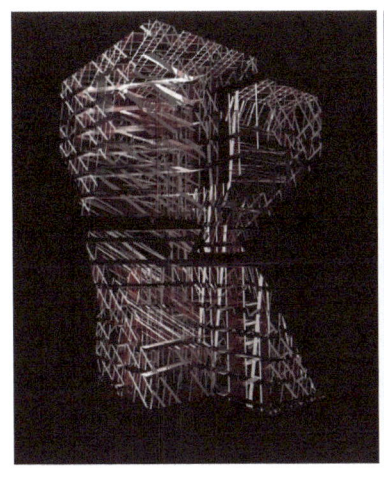 

After experiencing horizontal and vertical surfaces and combining them with spheres, a new practice is begun in the same cube structure. The cube structure appears as a main structure with several braces where the broken and oblique surfaces are connected to the main structure, move on it up and down, get emptier, and continue from floor to wall and from wall to ceiling and side wall. The observed generality has an adherence as well as spatial-visual unity in spite of form discretion and existence of big gaps. The experience indicates to another type of space and form design in a fixed and inflexible framework.

پس از تجربه سطوح عمودی و افقی و ترکیب آنها با کره‌ها، تمرین جدیدی را در همان ساختار مکعب آغاز می کنیم. ساختار مکعب به صورت سازه‌ای عمودی با بادبندهای متعدد نمایان می شود و سطوح شکسته و مورب به ساختار اصلی متصل شده در سطح آن بالا و پایین می روند، بیشتر خالی می شوند. از کف به دیوار و از دیوار به سقف و دیوار جانبی ادامه پیدا می کنند. کلیتی که مشاهده می کنیم در عین گسستگی فرمی و شکاف‌های گاها بزرگ دارای یک پیوستگی و اتحاد فضایی و بصری است. این تجربه نوع دیگری از طراحی فرم و فضا را در یک قالب ثابت و غیر منعطف نشان می دهد.

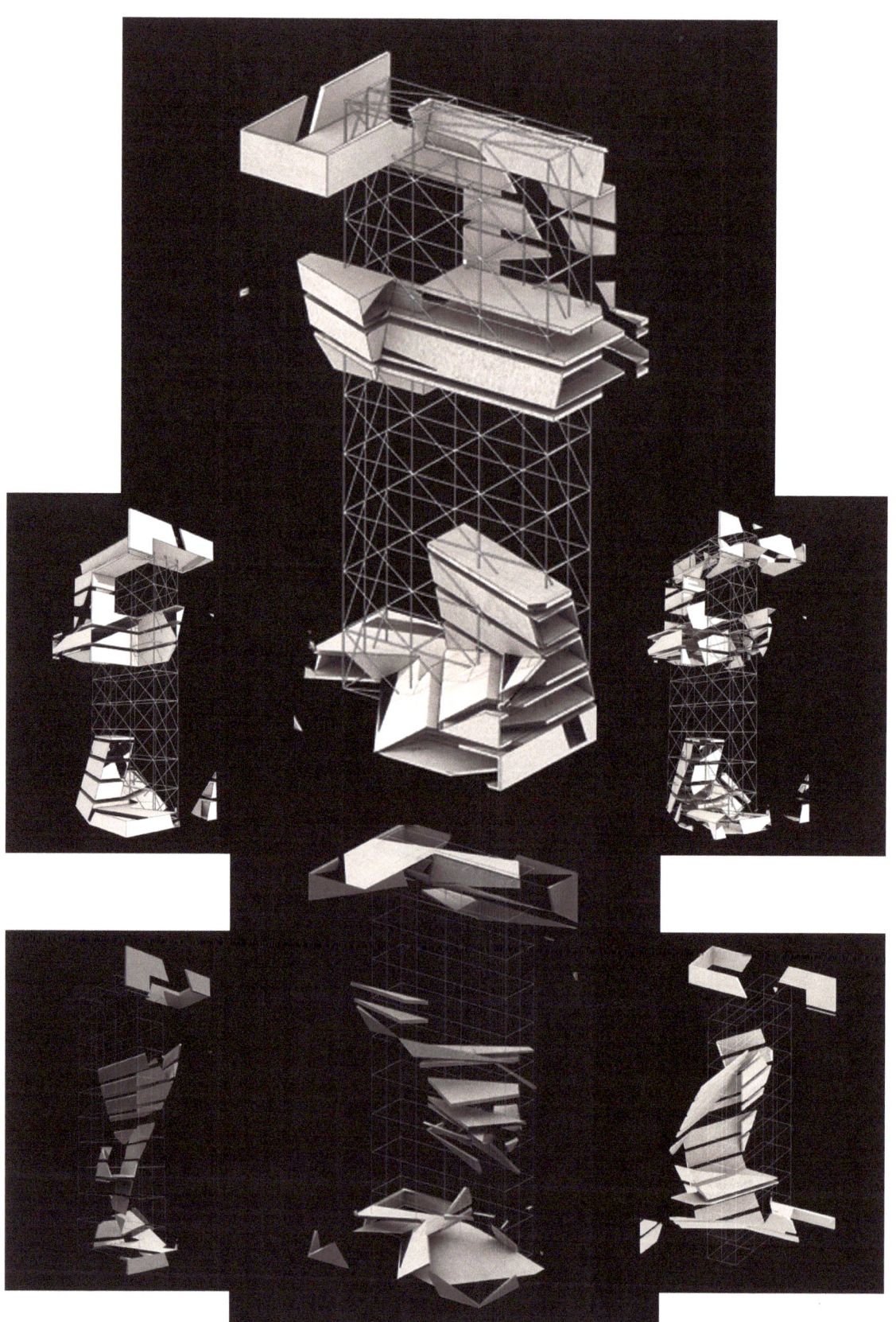

کم شدن در کم شدن دین من است  نیستی در هستی آیین من است
من چرا گرد جهان گردم چو دوست  در میان جان شیرین من است

از غزلیات عطار نیشابوری

**Being less in being less is my religion**

**Absence in presence is my custom**

**Why I wander the world?**

**The friend is in my sweet soul**

Ghazal of Attar Neishabouri

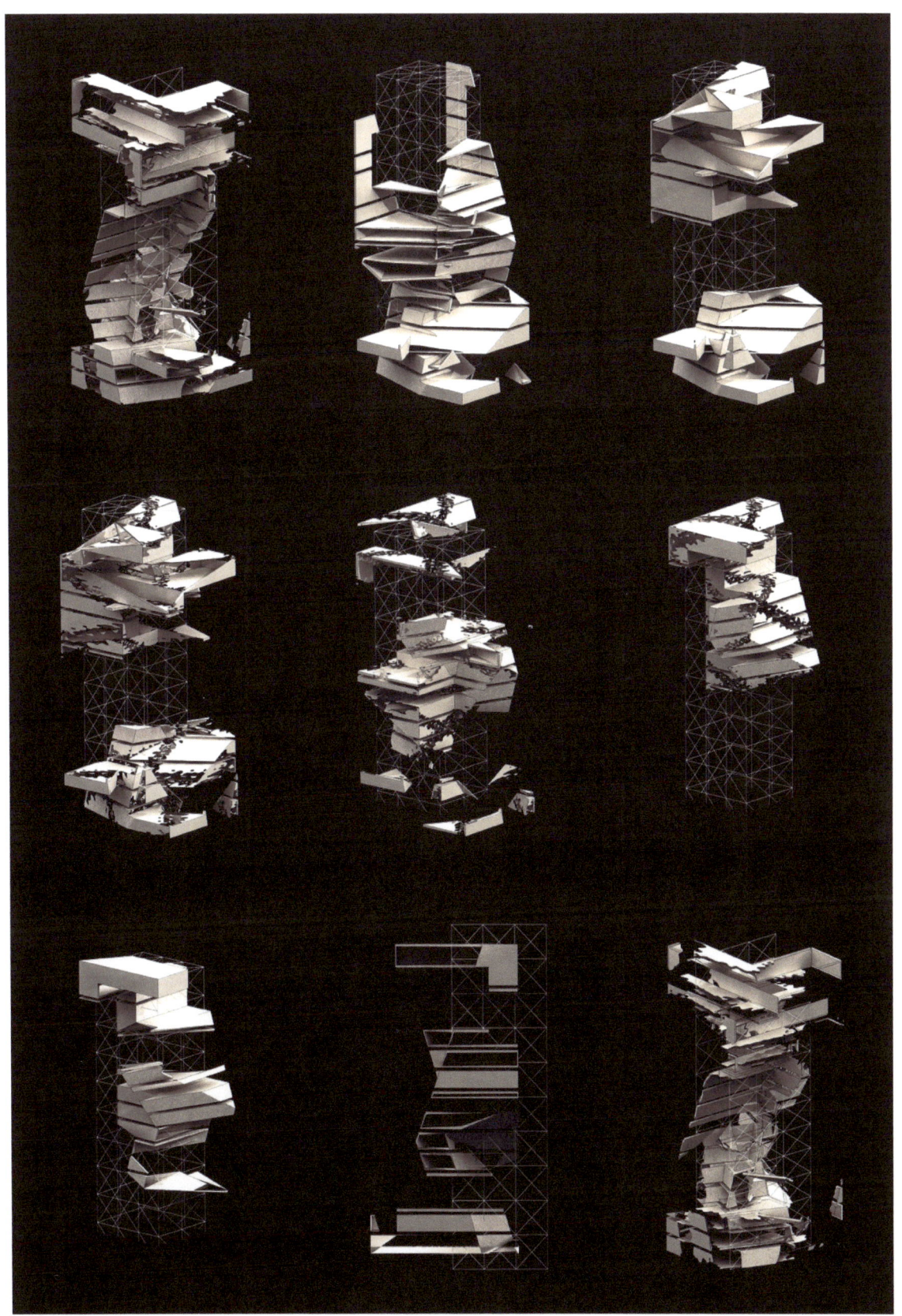

## Motion, Dynamism, Creativity

After experiencing the broken surfaces for three times, the same experience was repeated for curved surfaces. This time, main structure of cube are supposed more fine with less divisions and details to show curved surfaces better. It is difficult to design a curved space. However, the result will be really different. Only few perfect experiences are sufficient to strengthen your courage and creativity to do different works.

**حرکت، پویایی، خلاقیت**

پس از سه تجربه از سطوح شکسته، همان تجربه را با سطوح منحنی تکرار می‌کنیم. اینبار ساختار اصلی مکعب ظریف تر و با تقسیمات و جزئیات کمتر فرض شده تا نمایش سطوح منحنی بهتر انجام شود. طراحی فضای منحنی، دشوار است اما نتیجه کار بسیار متفاوت خواهد بود. تنها چند تجربه کامل کافی است تا جسارت و خلاقیت شما را برای انجام کارهای متفاوت با این نگاه تقویت کند.

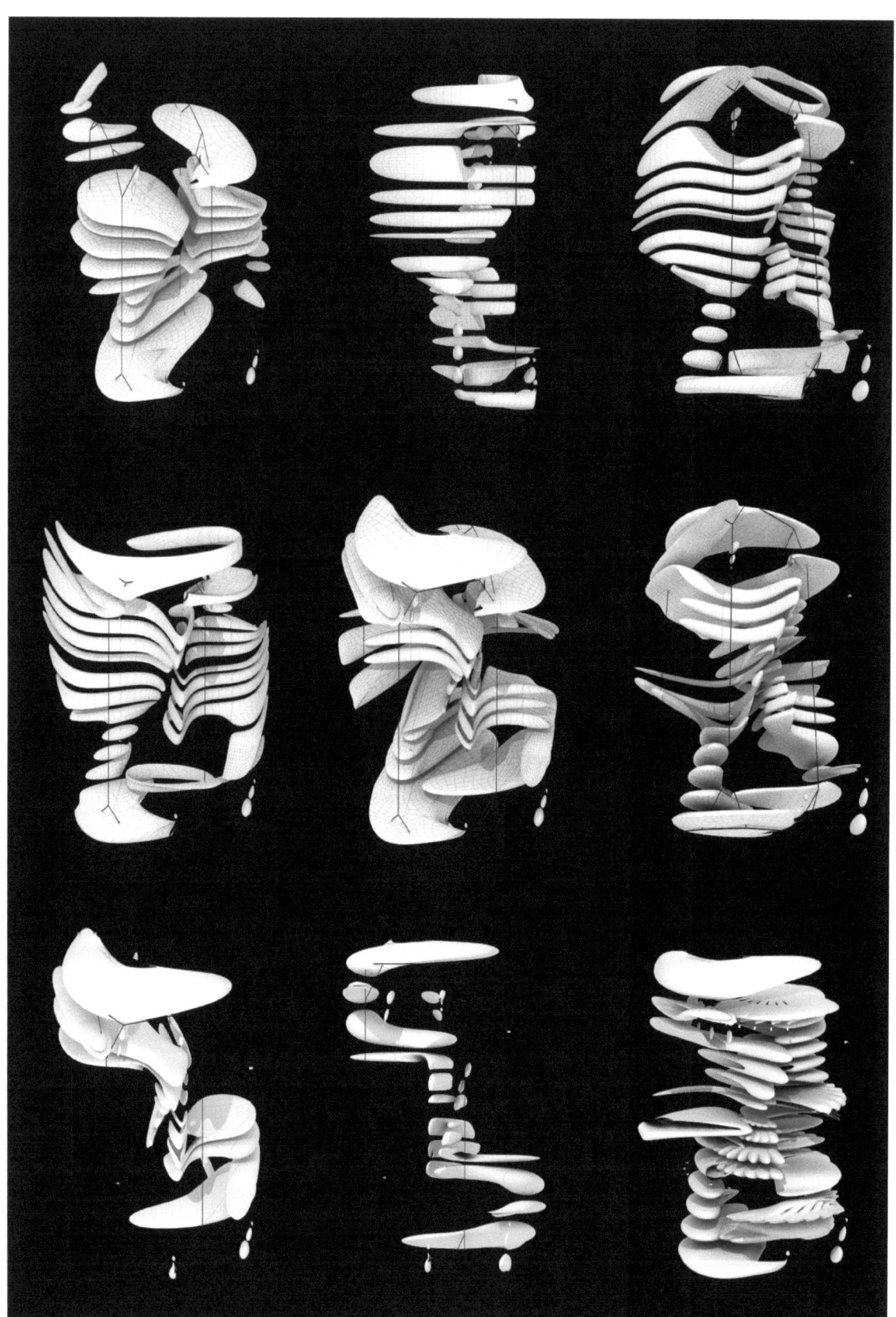

# Chapter 5

This chapter includes models that made by Arezou Azadi in cubes re-definition practice. Various forms and spaces indicate to unmentioned realities about design using Plato volumes. We will try to practice the subjects of this book on sphere, pyramid and cylinder and discover unknown angles of these volumes in other books.

این فصل شامل مجموعه ماکت هایی است که خانم آرزو آزادی در تمرین بازخوانی مکعب انجام داده‌اند.

تنوع فرم و فضا در کارها حاکی از ناگفته‌های بسیاری است در طراحی با احجام افلاطونی.

در کتاب های بعدی سعی خواهیم کرد مباحث یاد شده در این کتاب را بر روی کره، هرم و استوانه تمرین کنیم و زوایای ناشناخته از این احجام را کشف کنیم.

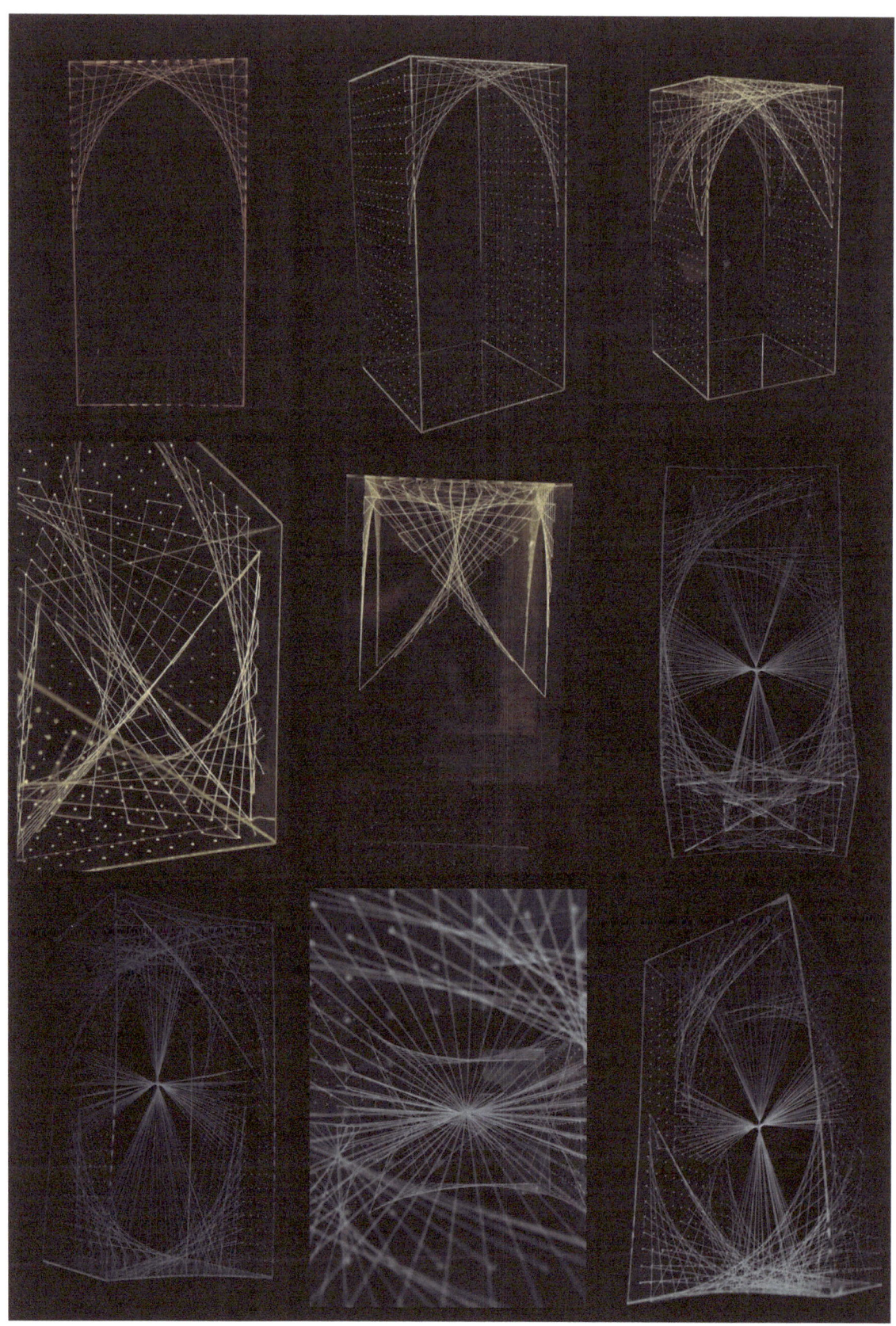

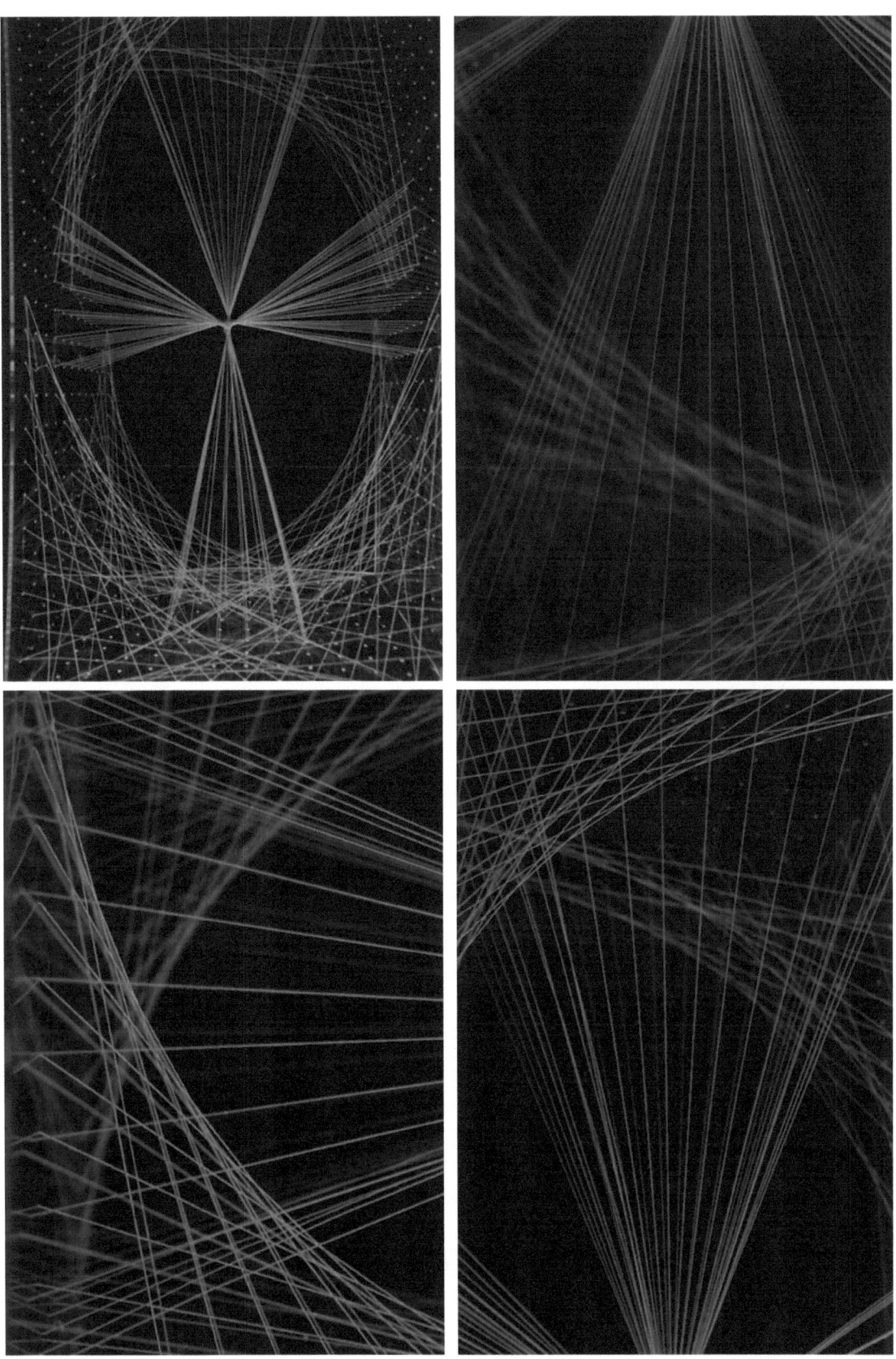

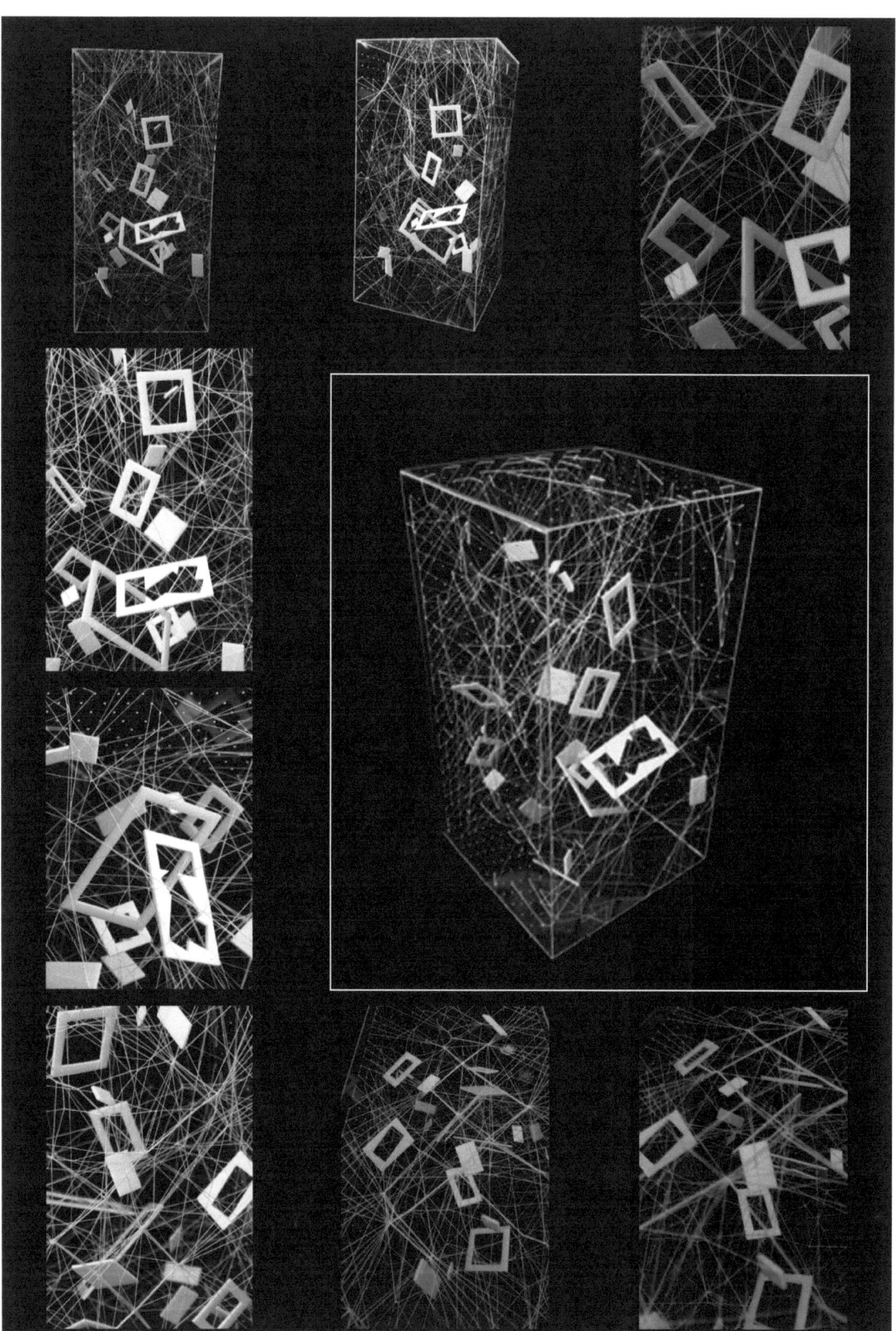

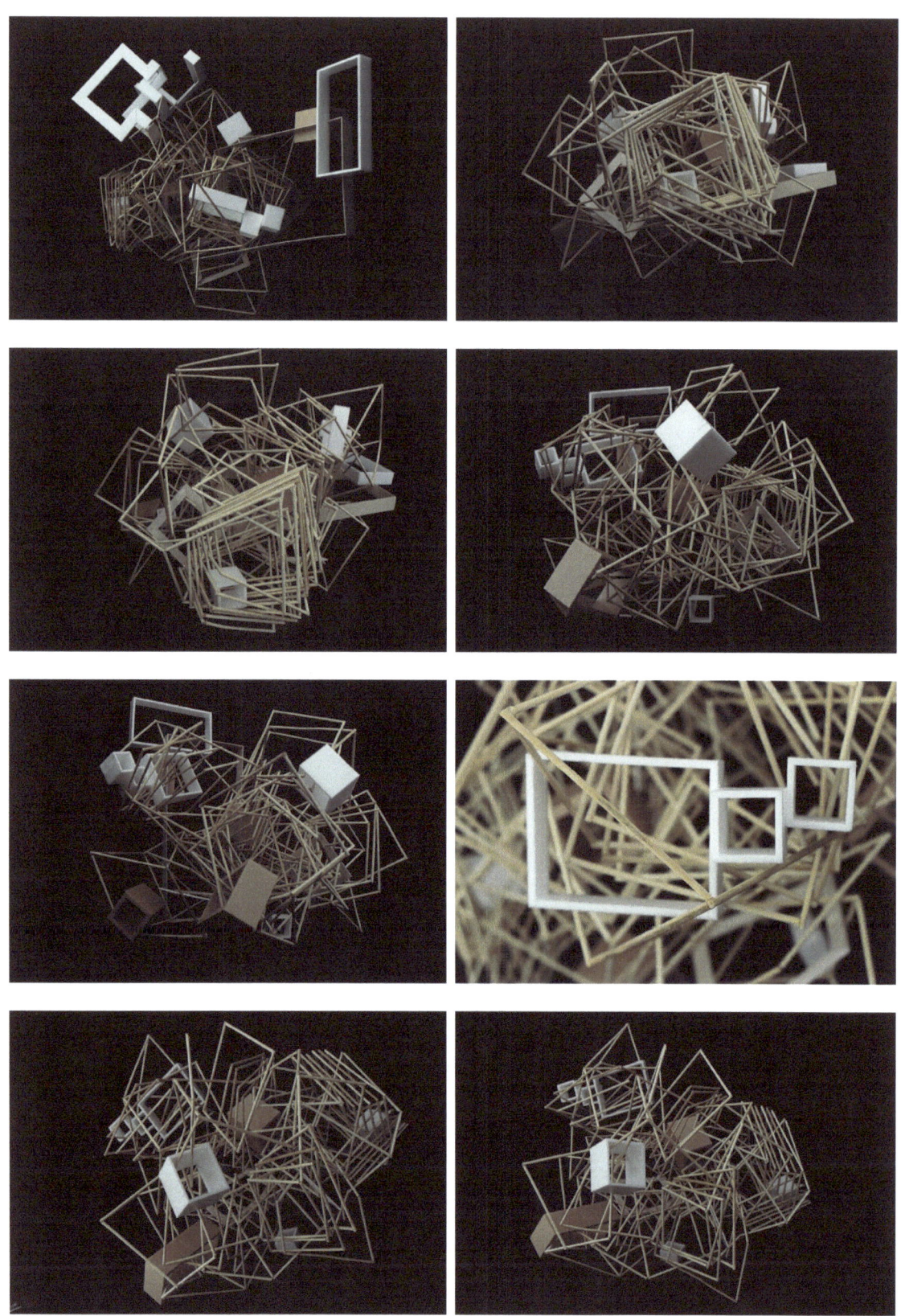

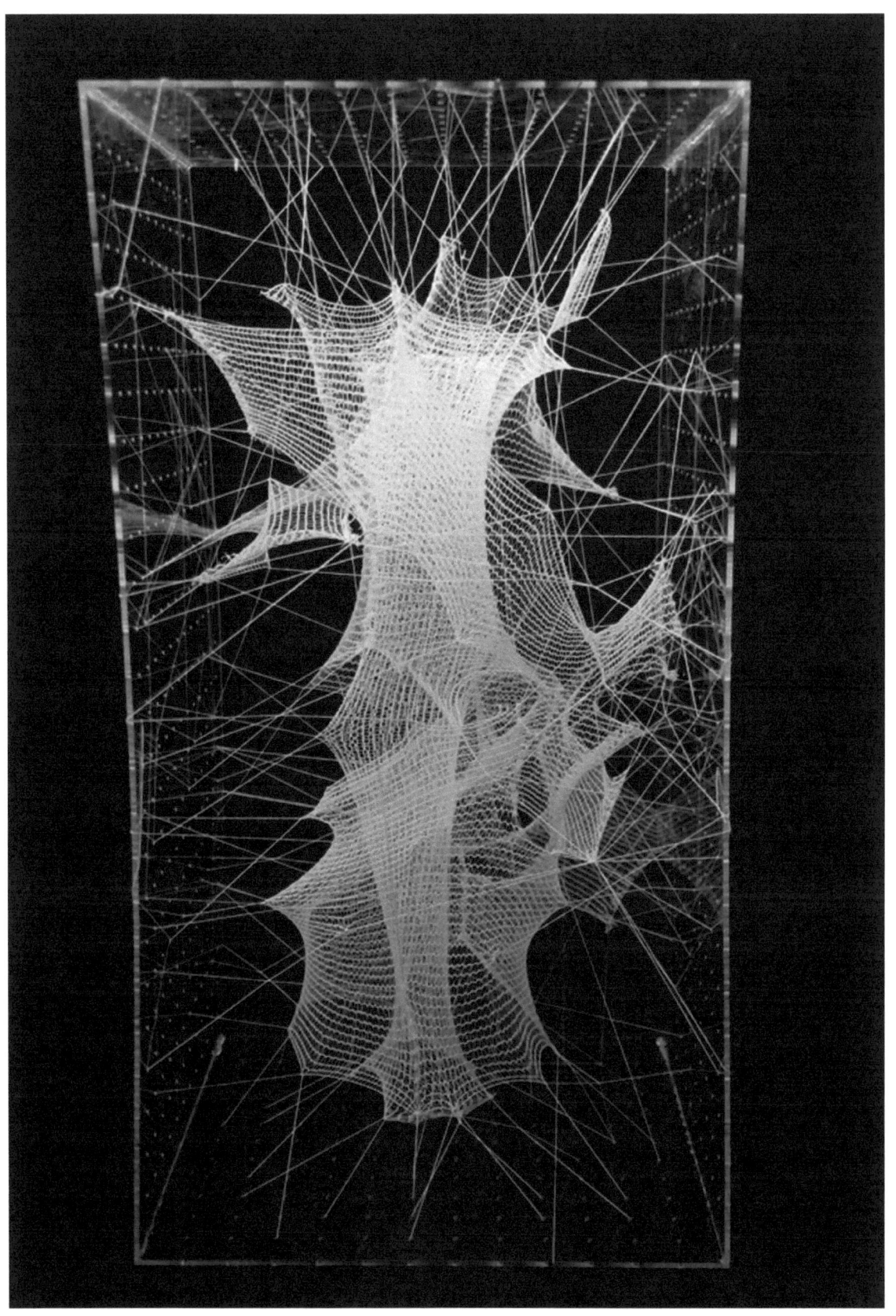

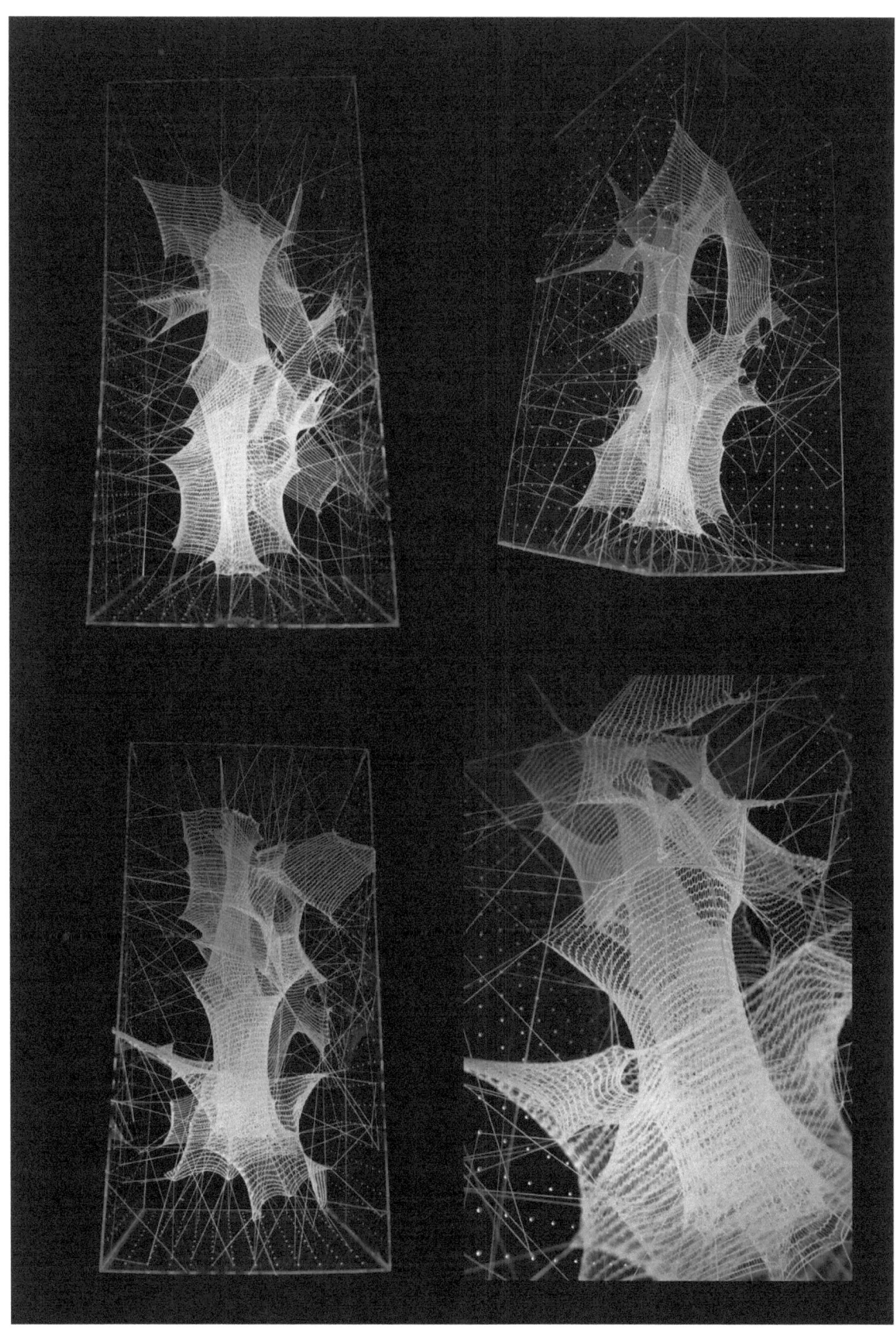

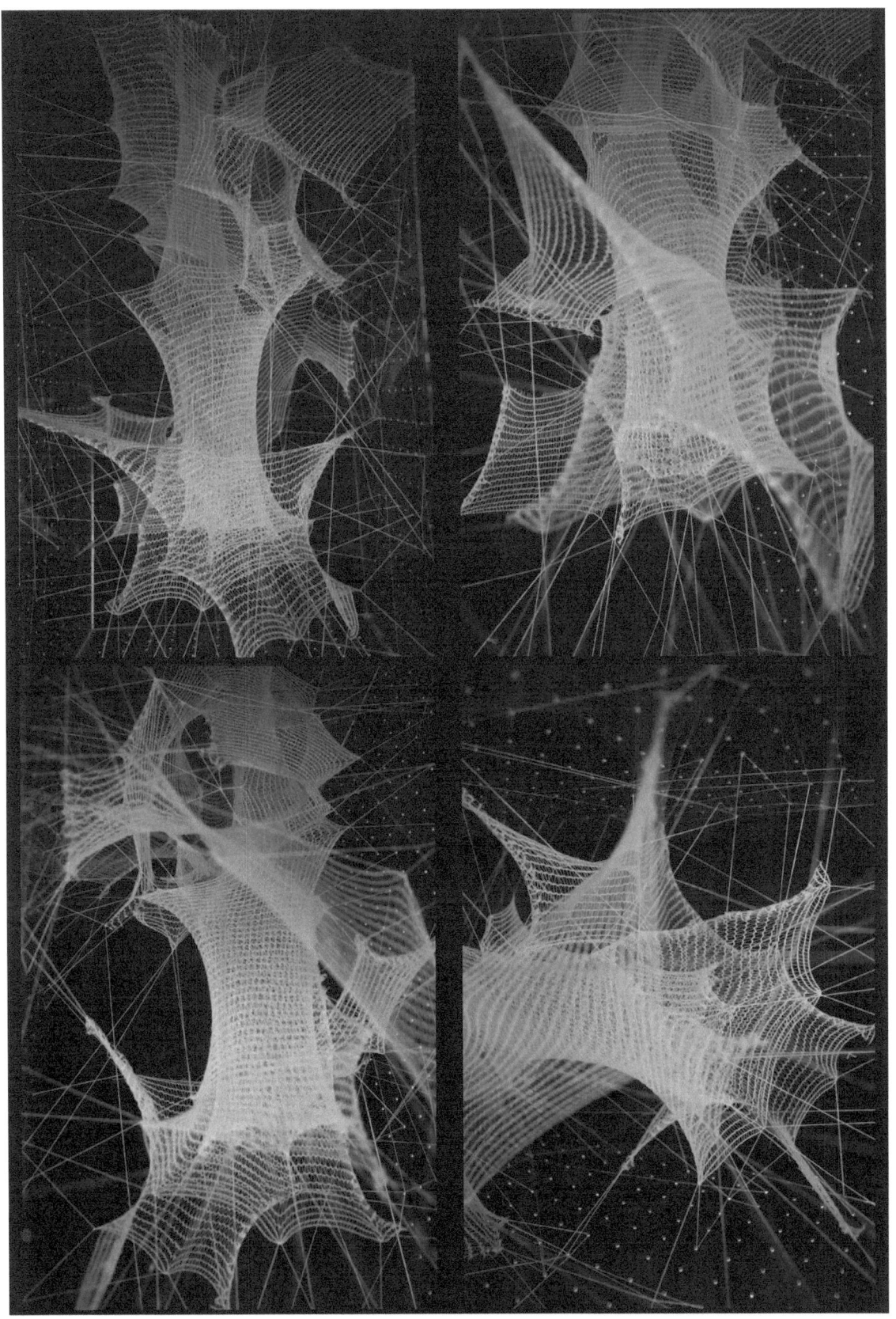

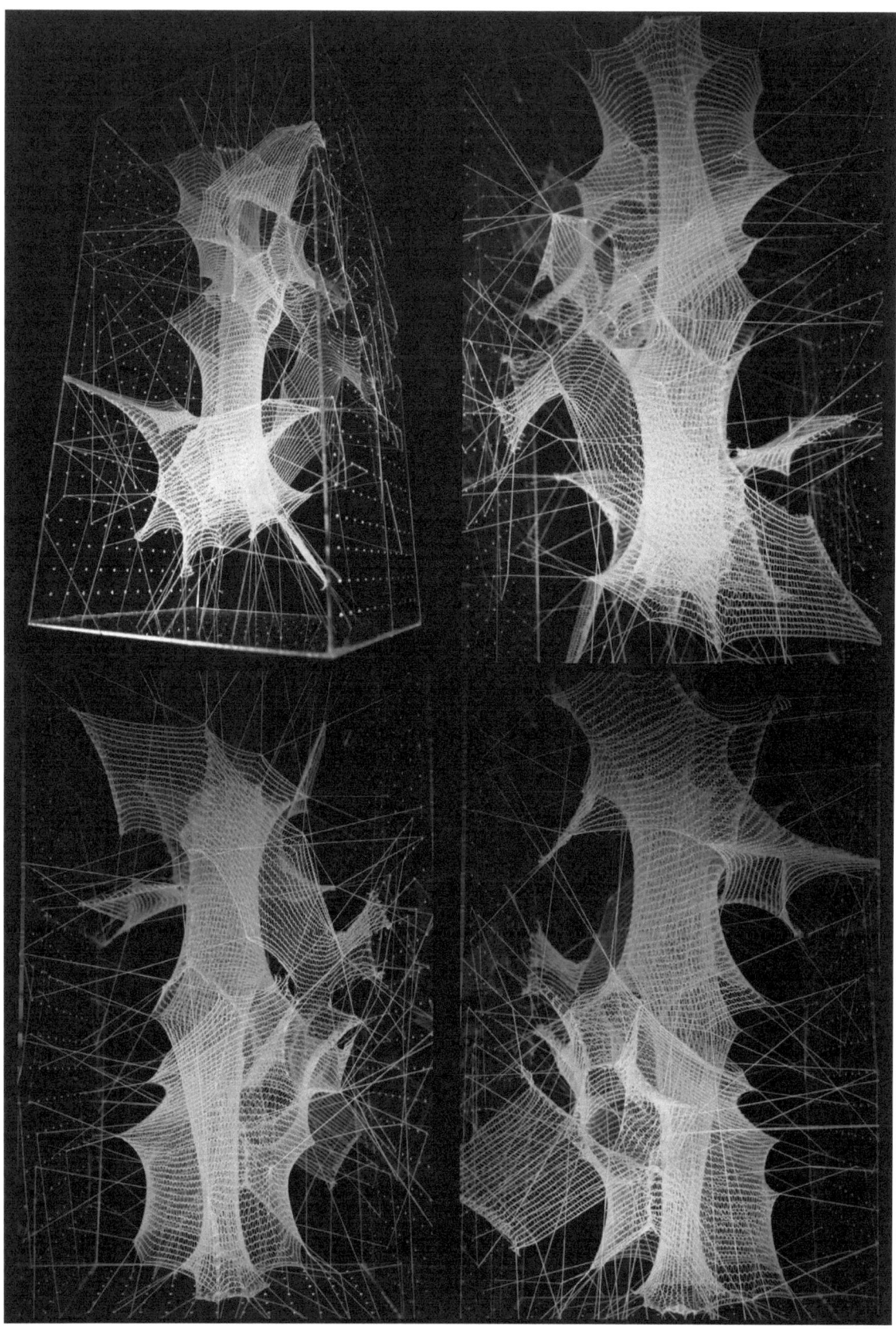

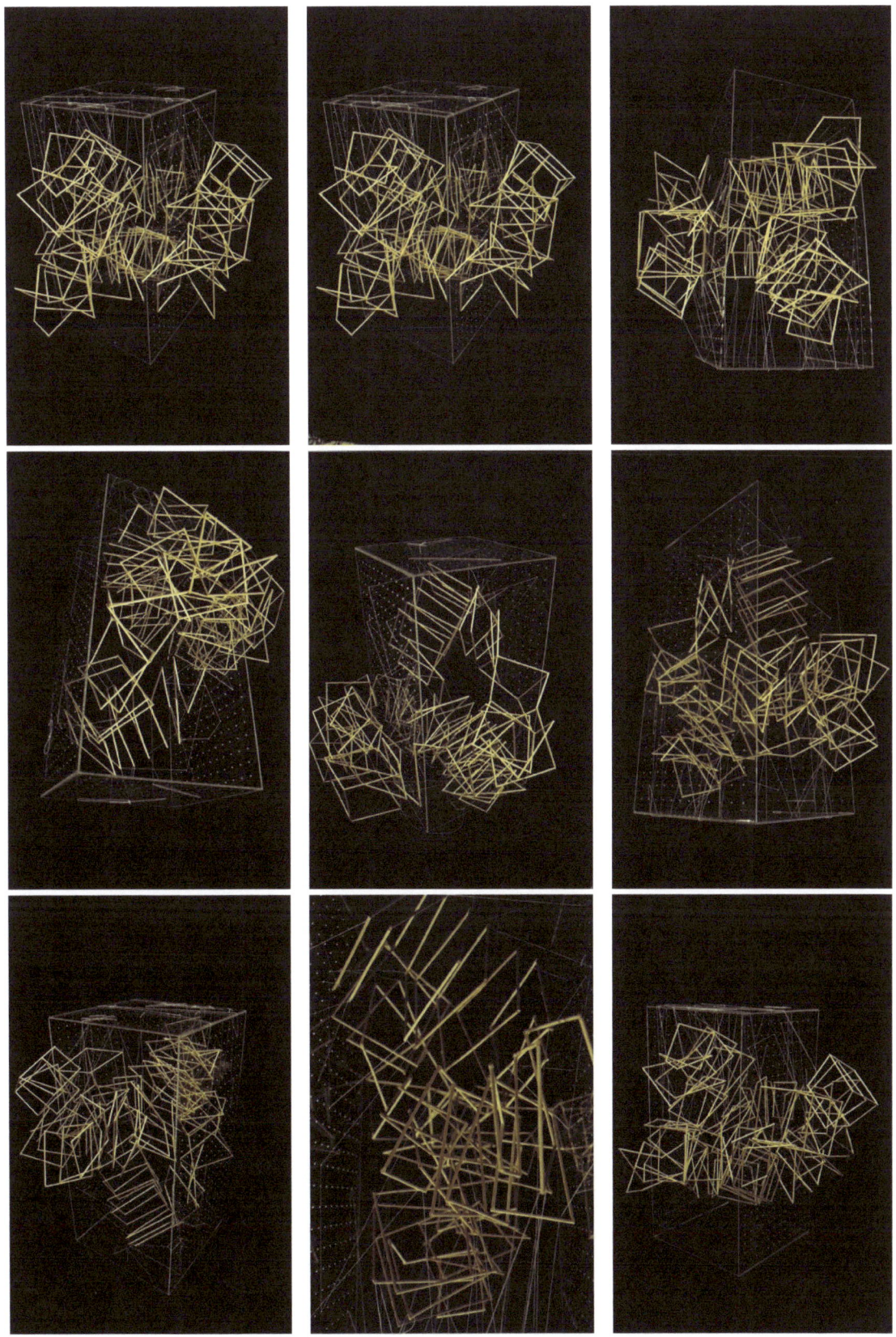

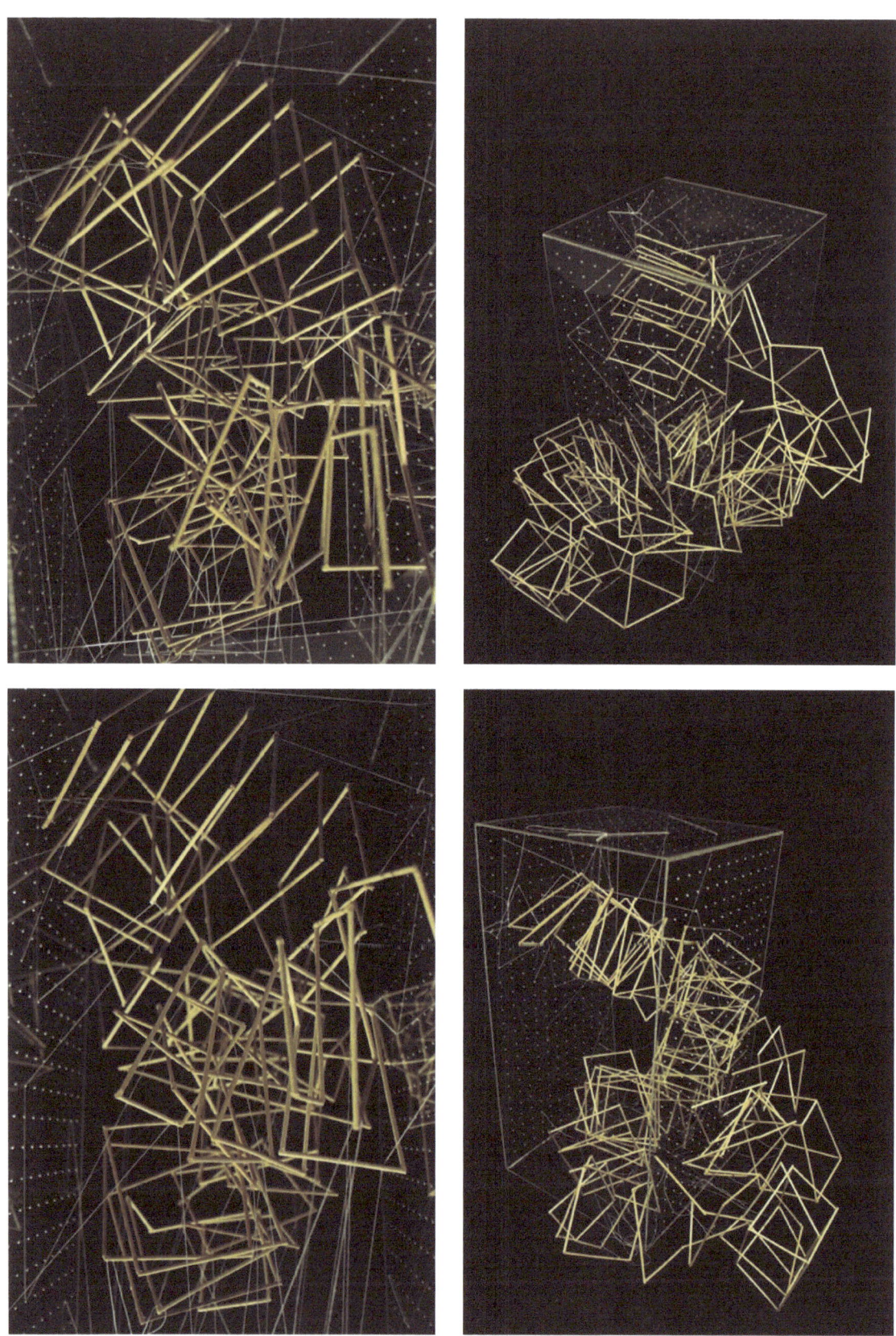

# Chapter 6

**What's going on inside a box?**

Another exercise, which was presented at my architecture office "Inter discipline Design Universe" in 2012.

But last year I completed it on the pretext of this book.

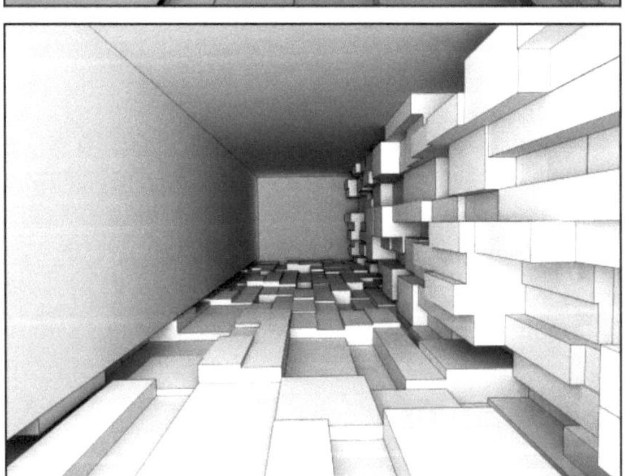

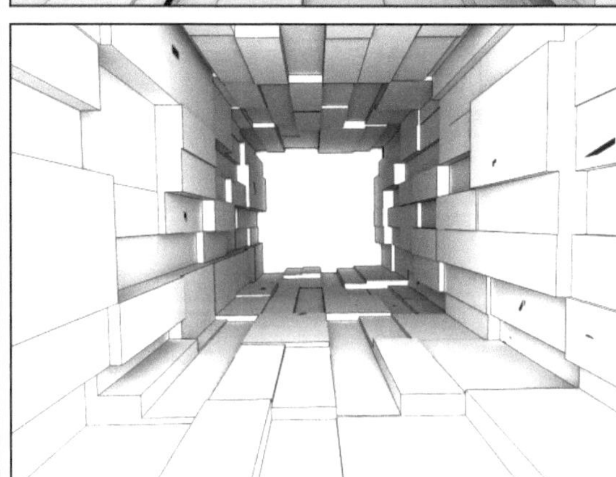

Group
Design
Group

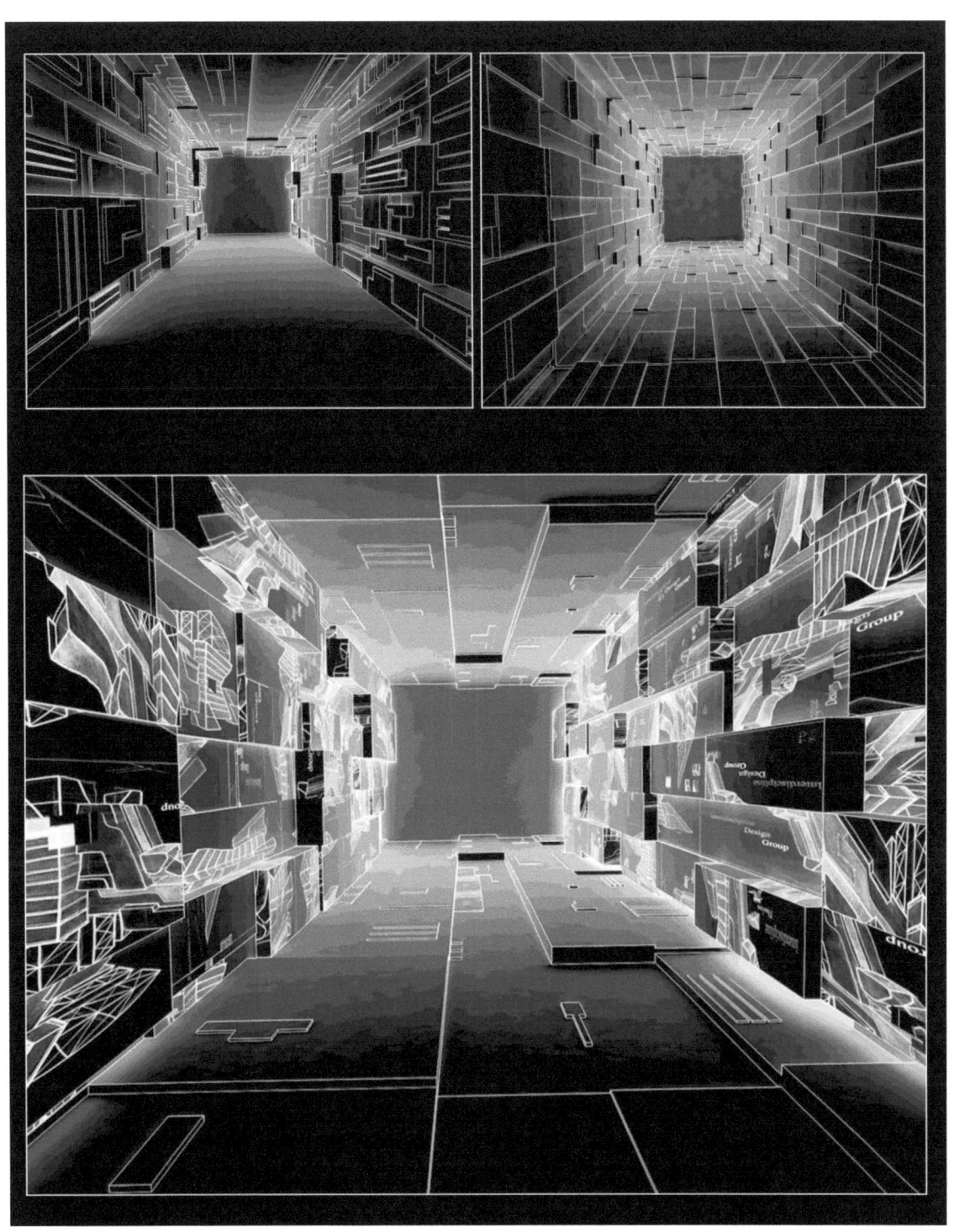

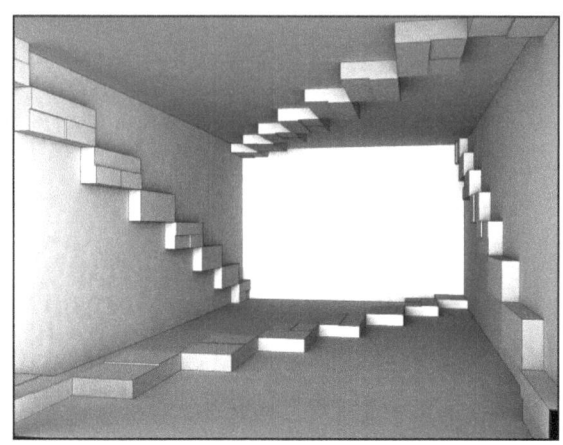
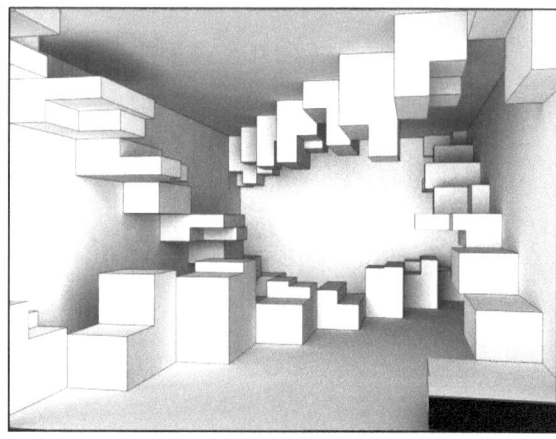
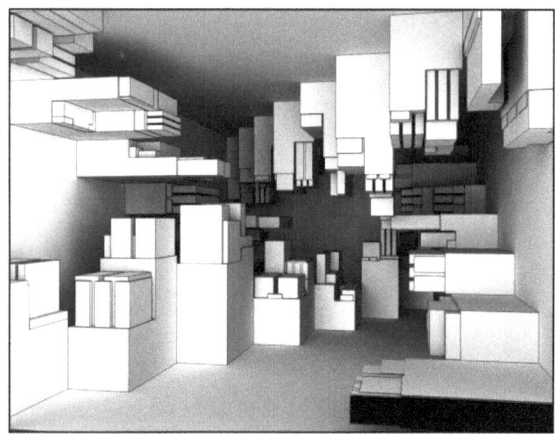
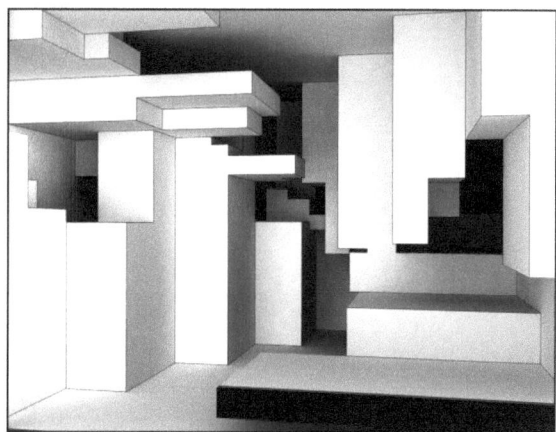

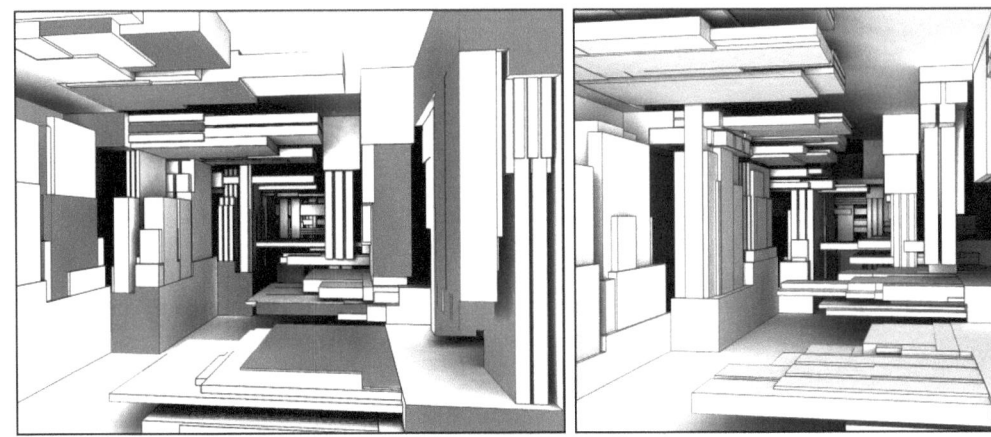

Growth and interference of boxes

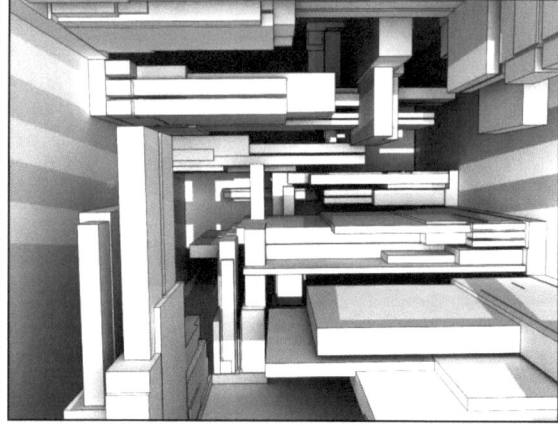

Shadow inside the box

# Chapter 7

The last chapter of the books contains shared experiences with my spouse, i.e. Leila Manzouri. After termination of workshops and renders, the book was reviewed and it was concluded that it is possible to develop the experiences and create new spaces with more freedom of action. Works seen in this chapter are formed based on thirsty soul of experience and creativity and we tried our best to recognize and define what we had and what we found through re-definition of cubes.

آخرین فصل کتاب اختصاص دارد به تجربه هایی که به صورت مشترک با لیلی منظوری (همسرم) انجام دادیم.

پس از اتمام کارگاه ها و رندرها، در بازبینی کتاب به این نتیجه رسیدیم که با آزادی، عمل بیشتری می‌توانیم تجربه ها انجام شده را توسعه دهیم و فضاهایی جدید خلق کنیم. آثاری که در این فصل مشاهده می‌کنید بر اساس روح تشنه تجربه و خلاقیت شکل گرفته‌اند و این‌بار در باز تعریف مکعب، سعی کردیم داشته‌ها و یافته‌های خود را دوباره بشناسیم و معنی ببخشیم.

# Tissue creation

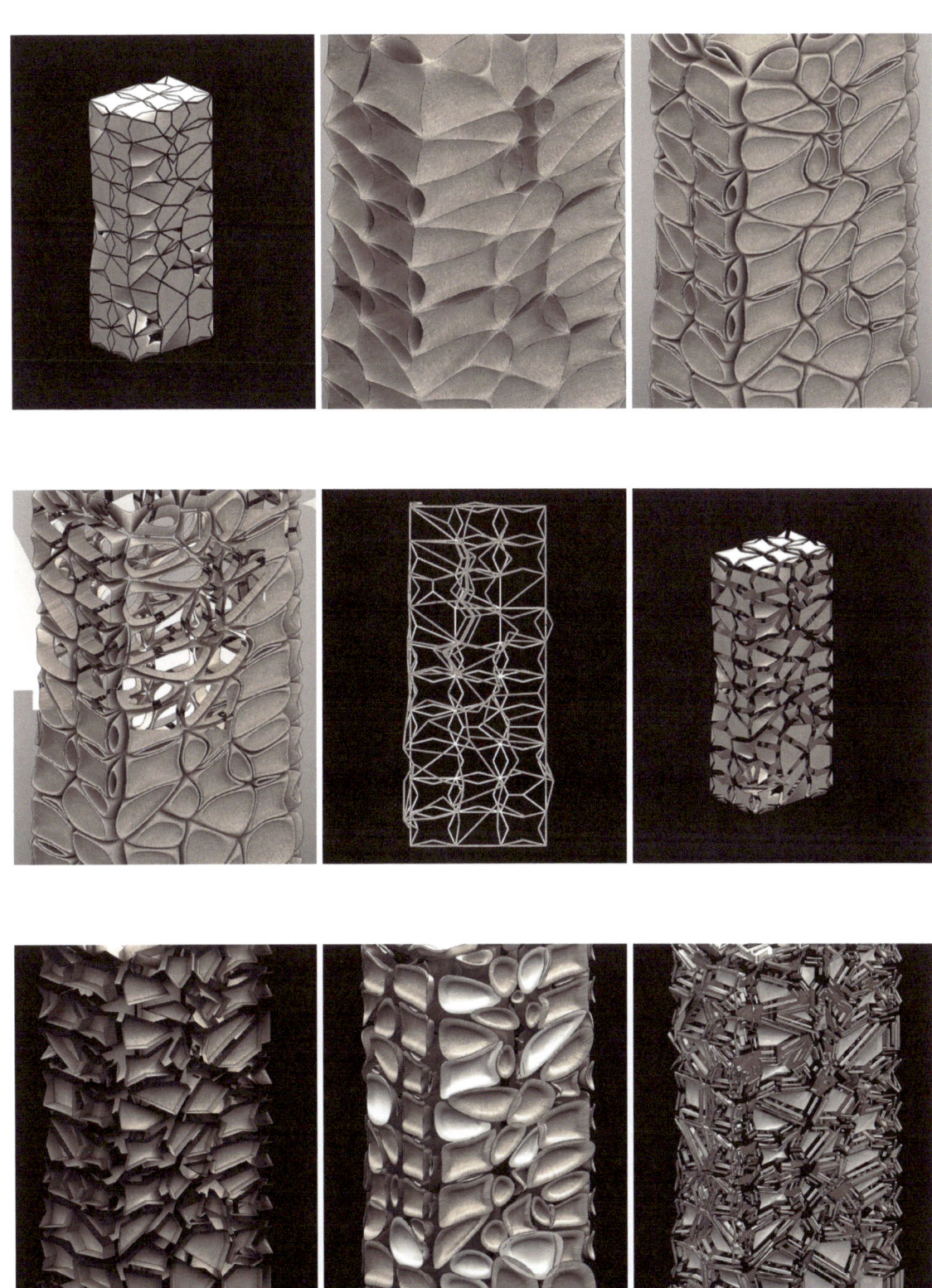

Texture Deformation

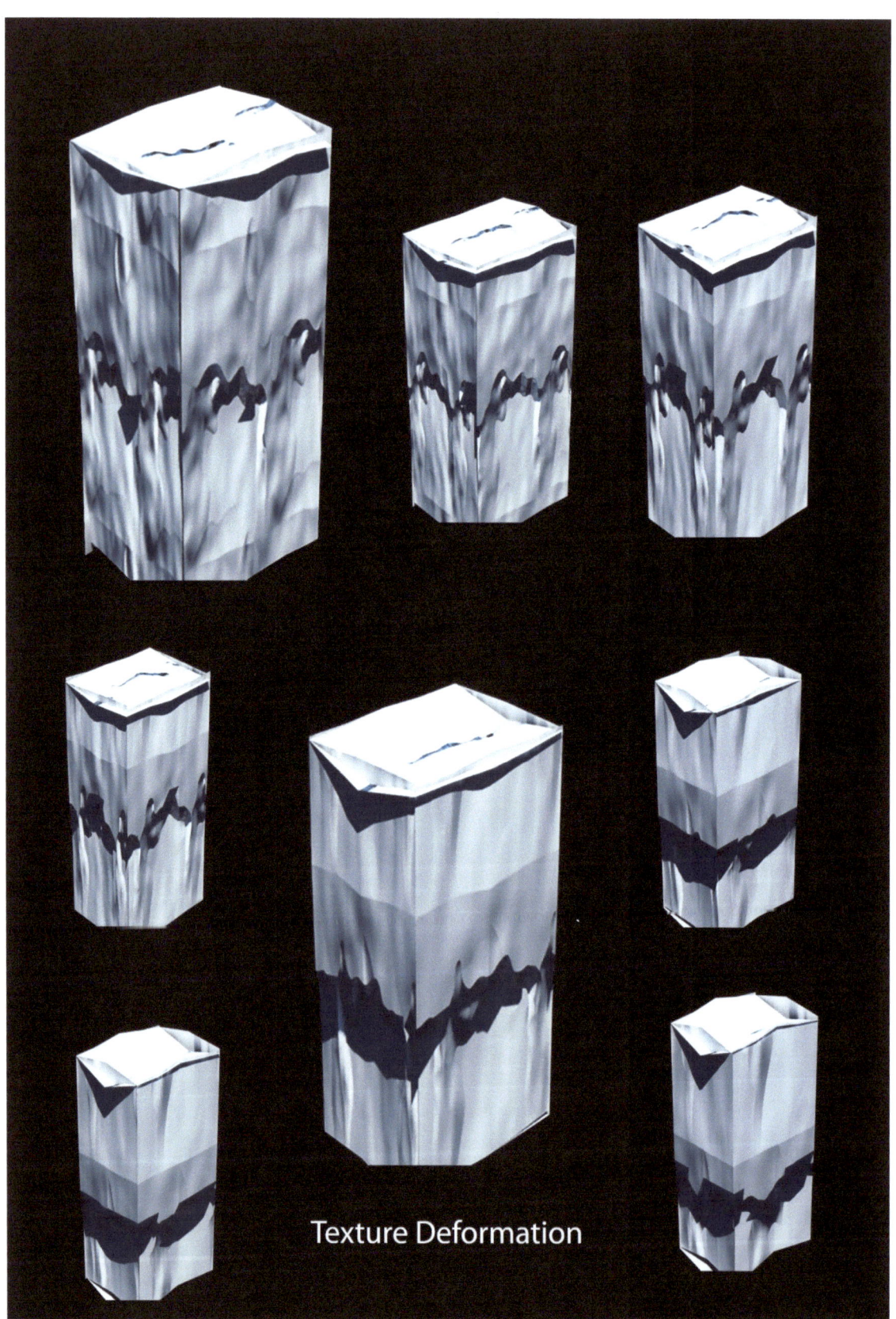

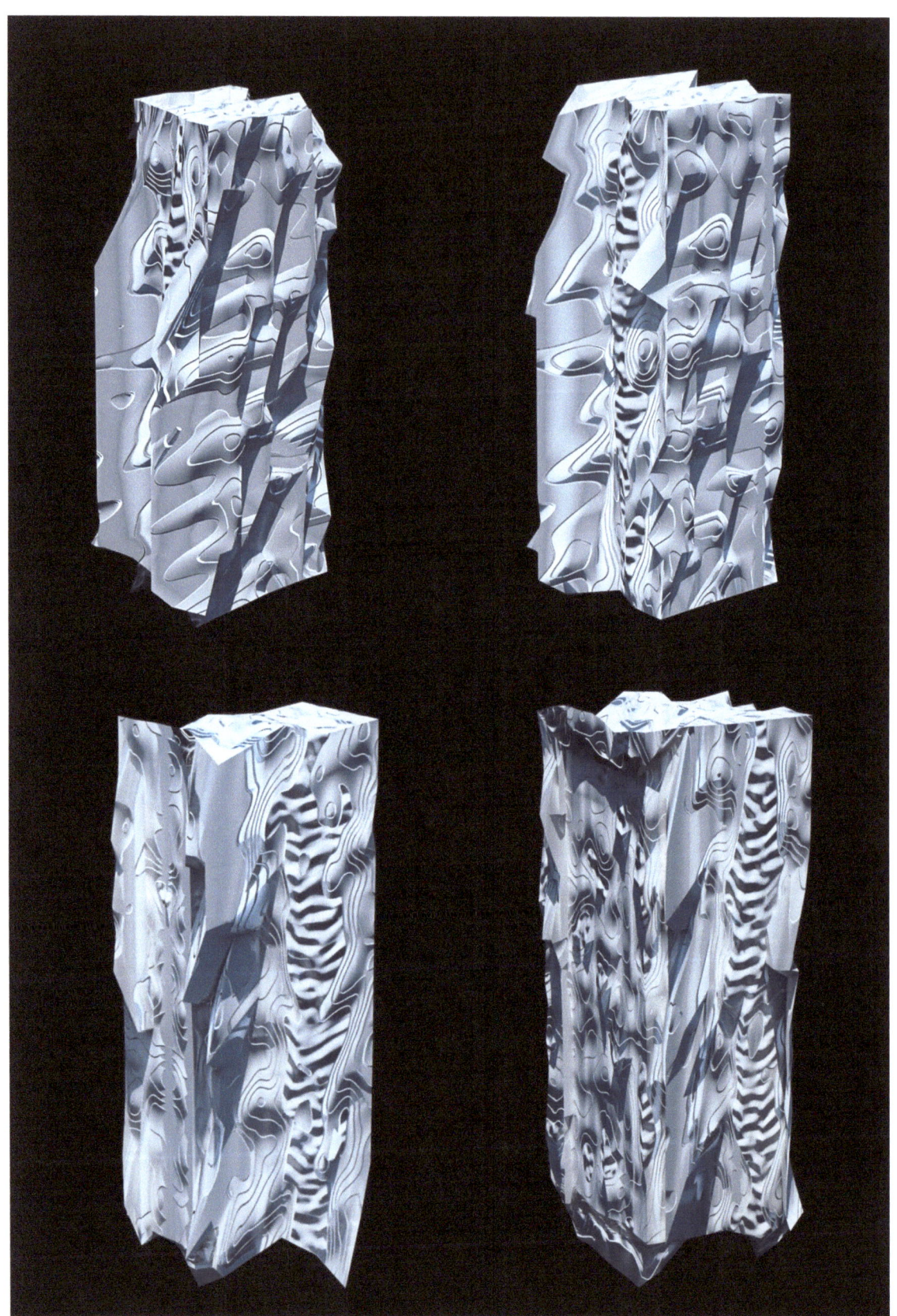

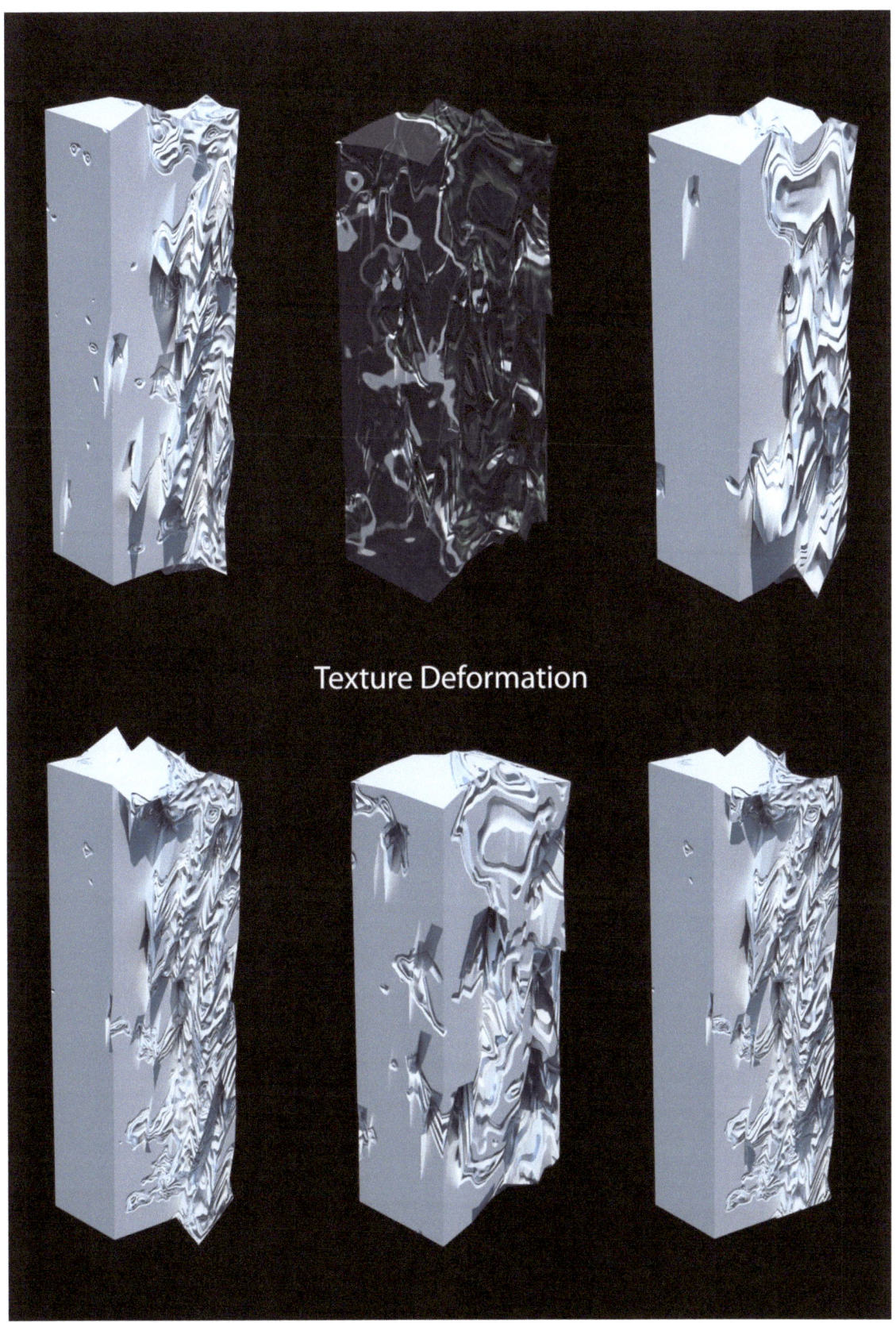

Texture Deformation

# Create circle texture and its effect on box structure

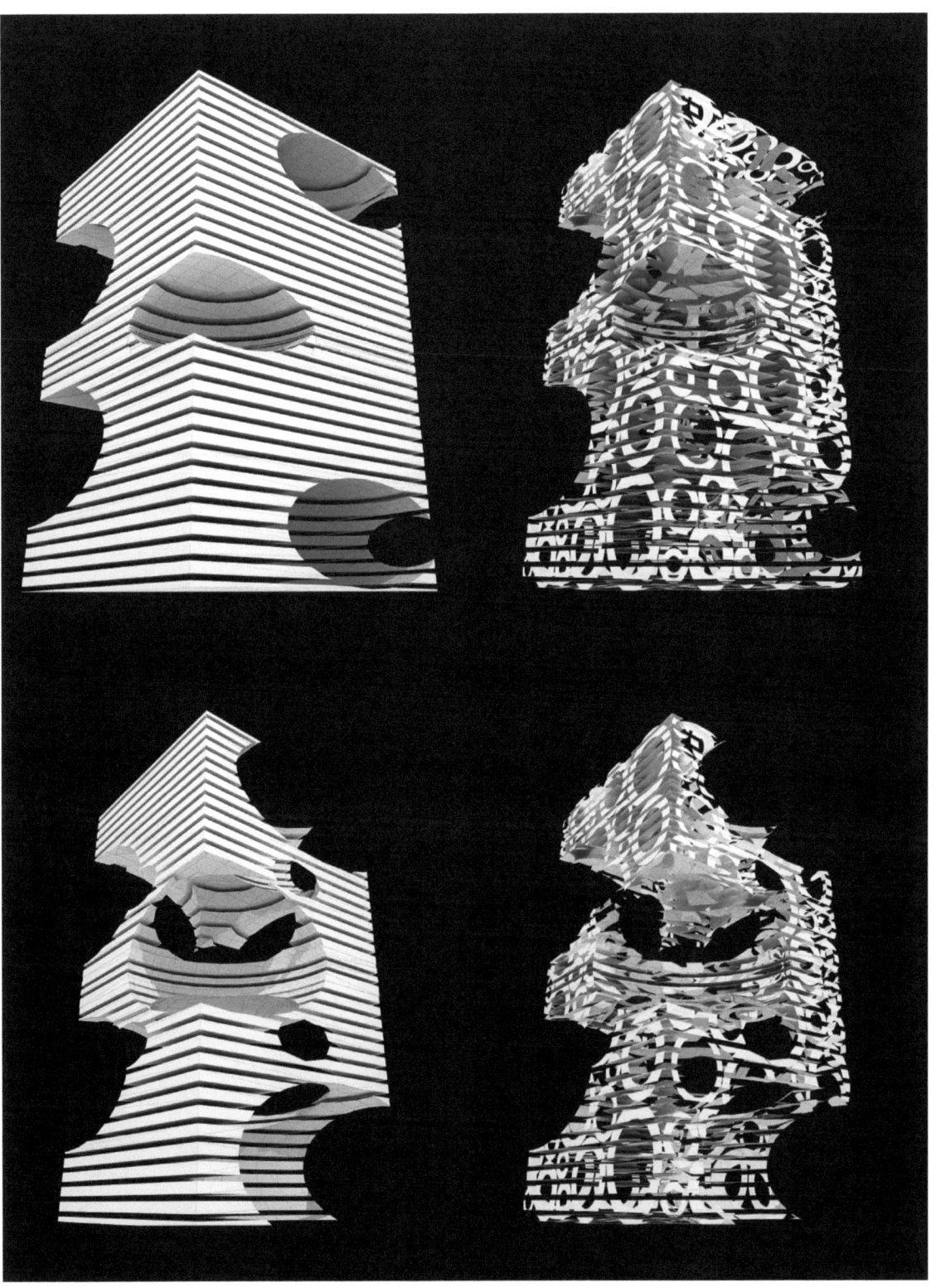

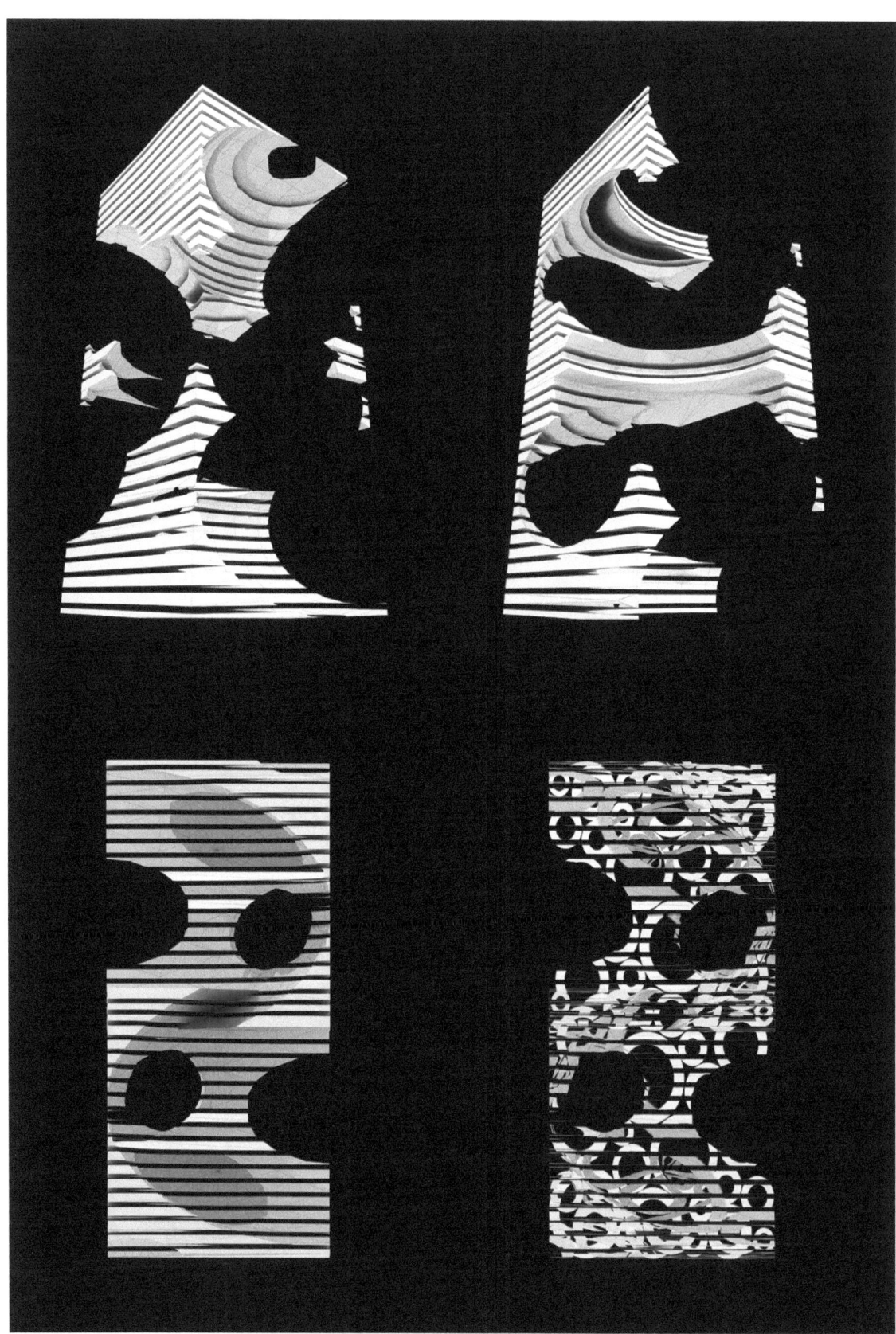

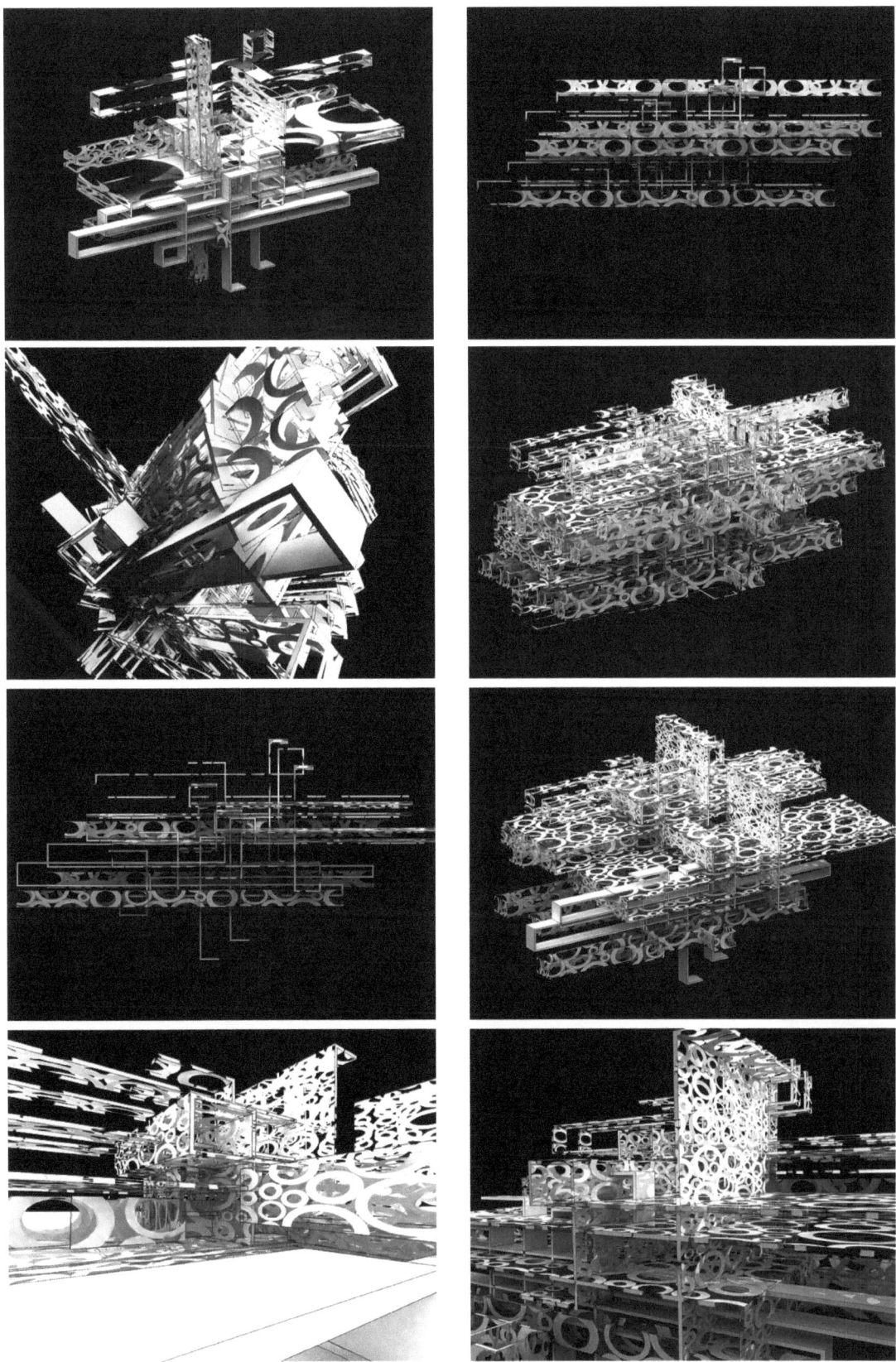

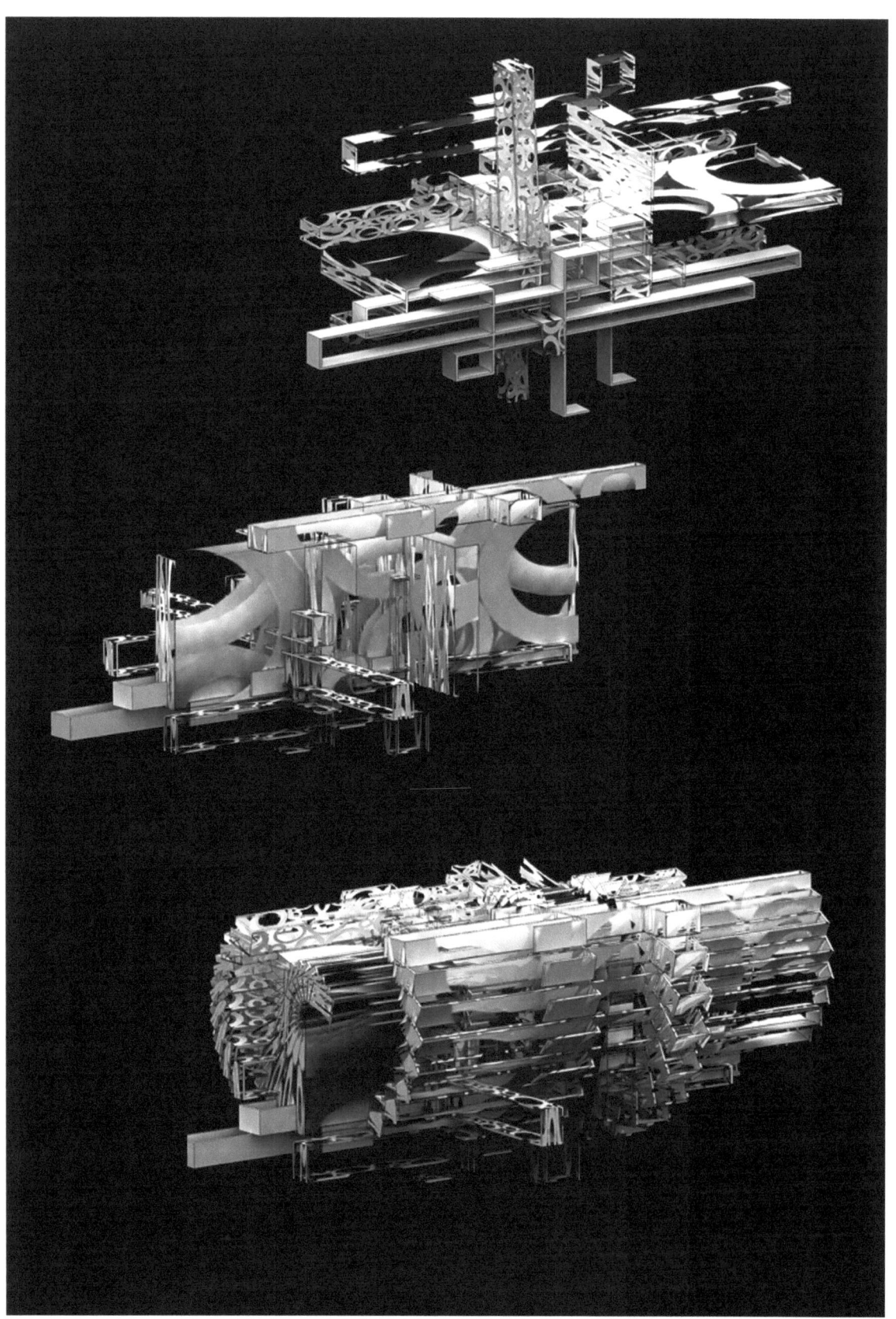

# The pyramids break the cube

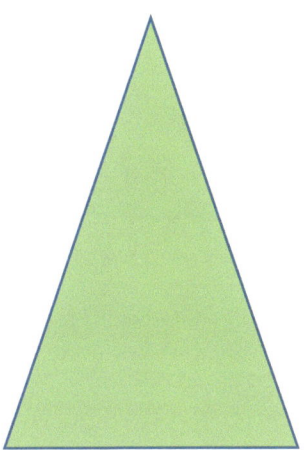

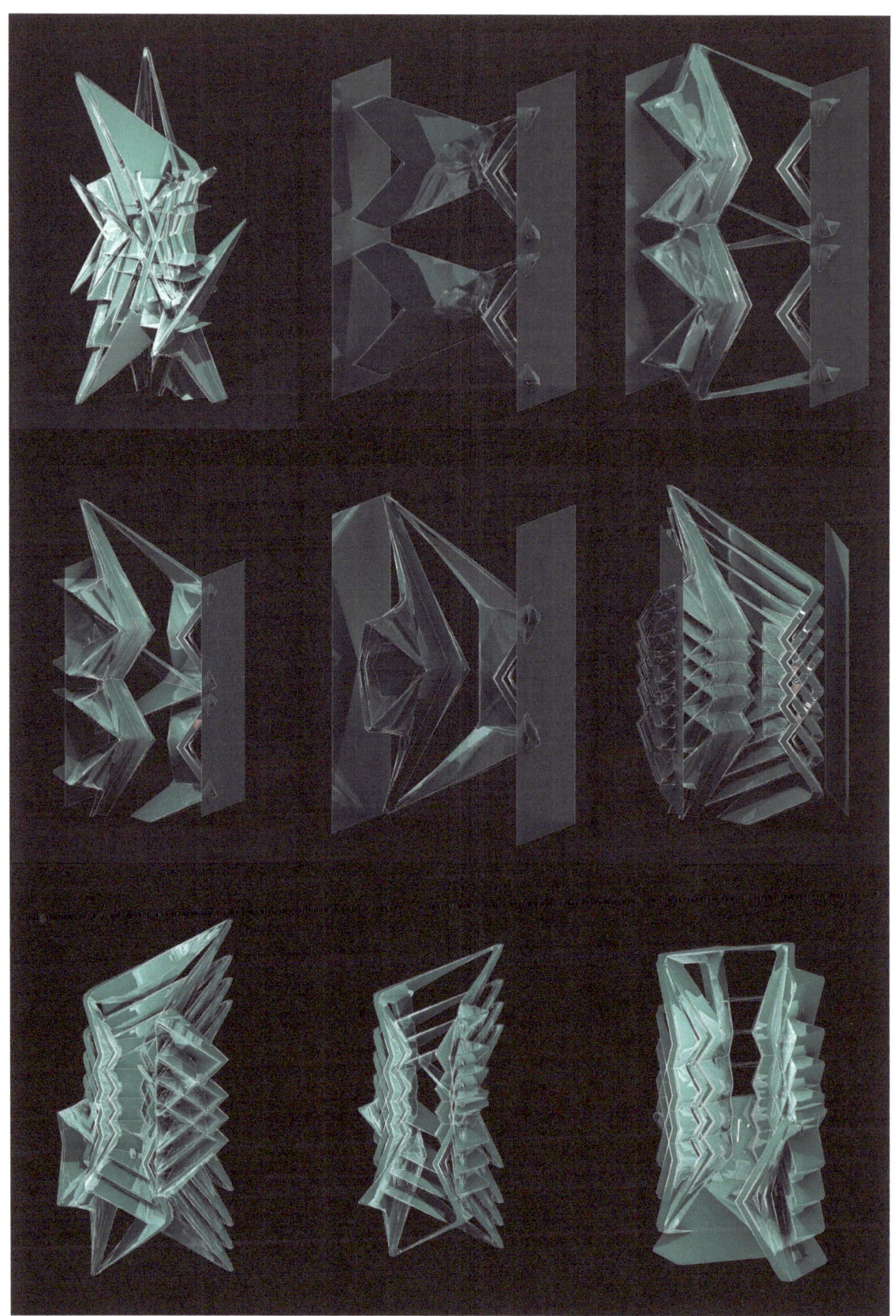

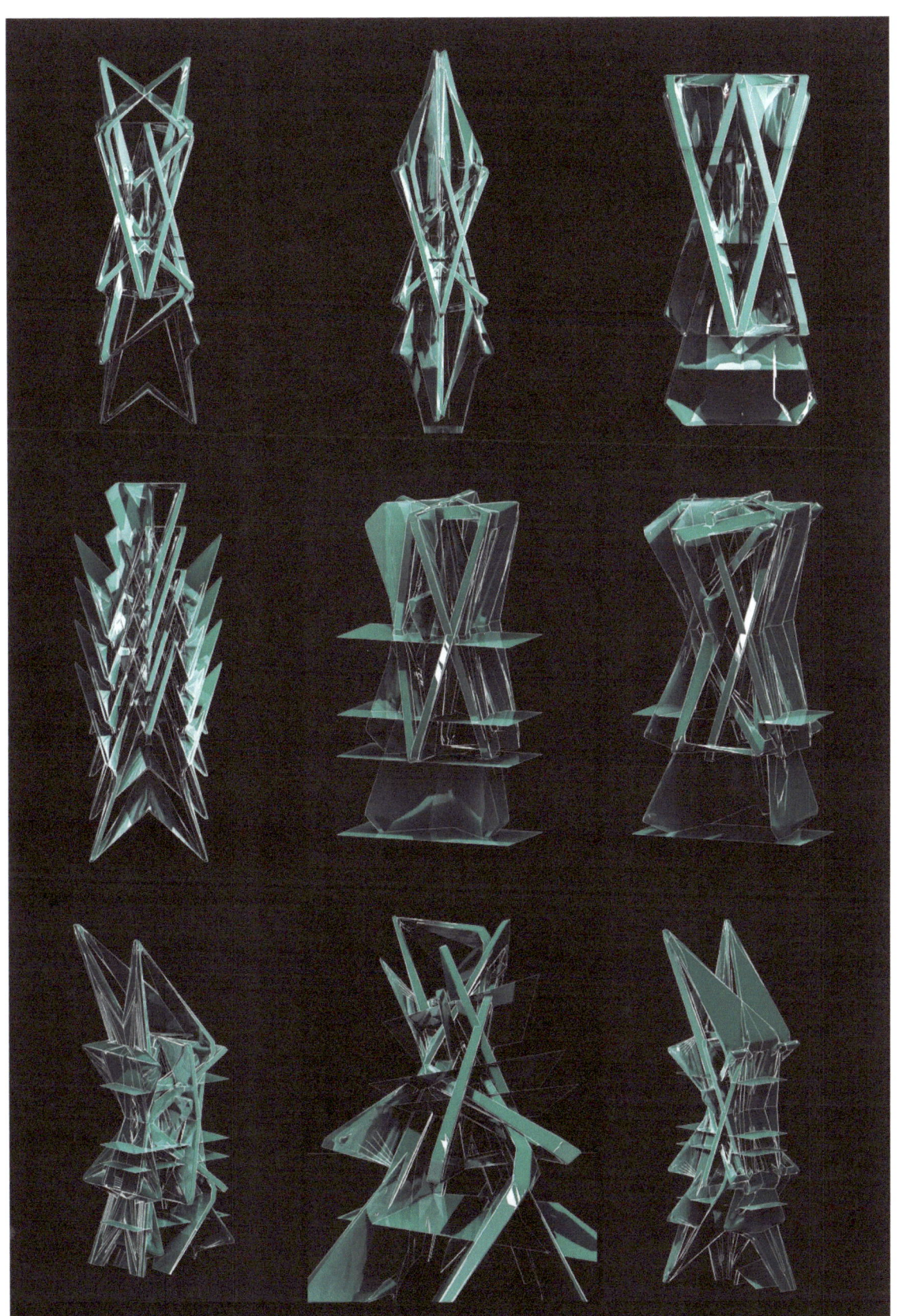

# Fracture Voronoi MAXScript

This script breaks any mesh while preserving its volume.

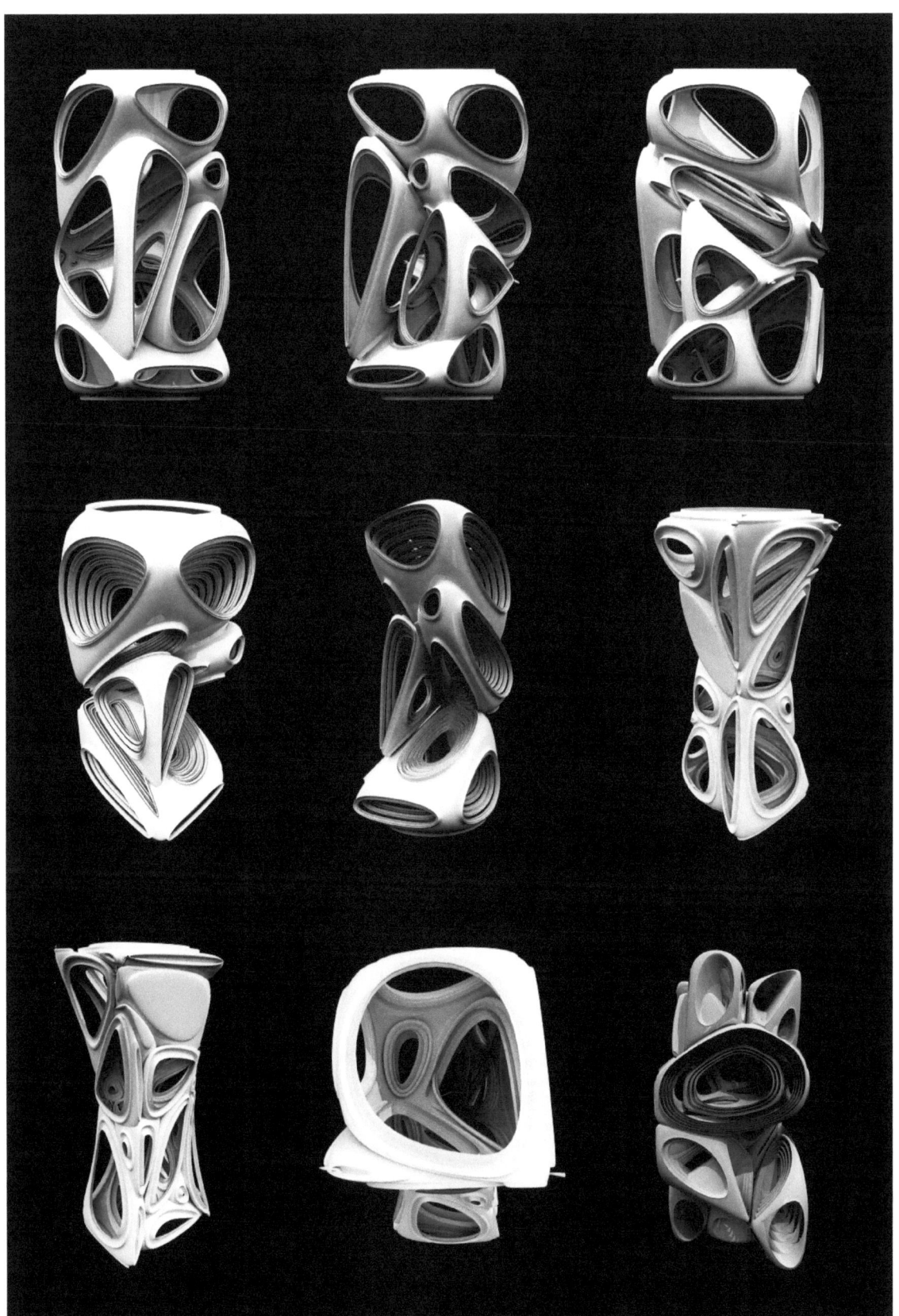

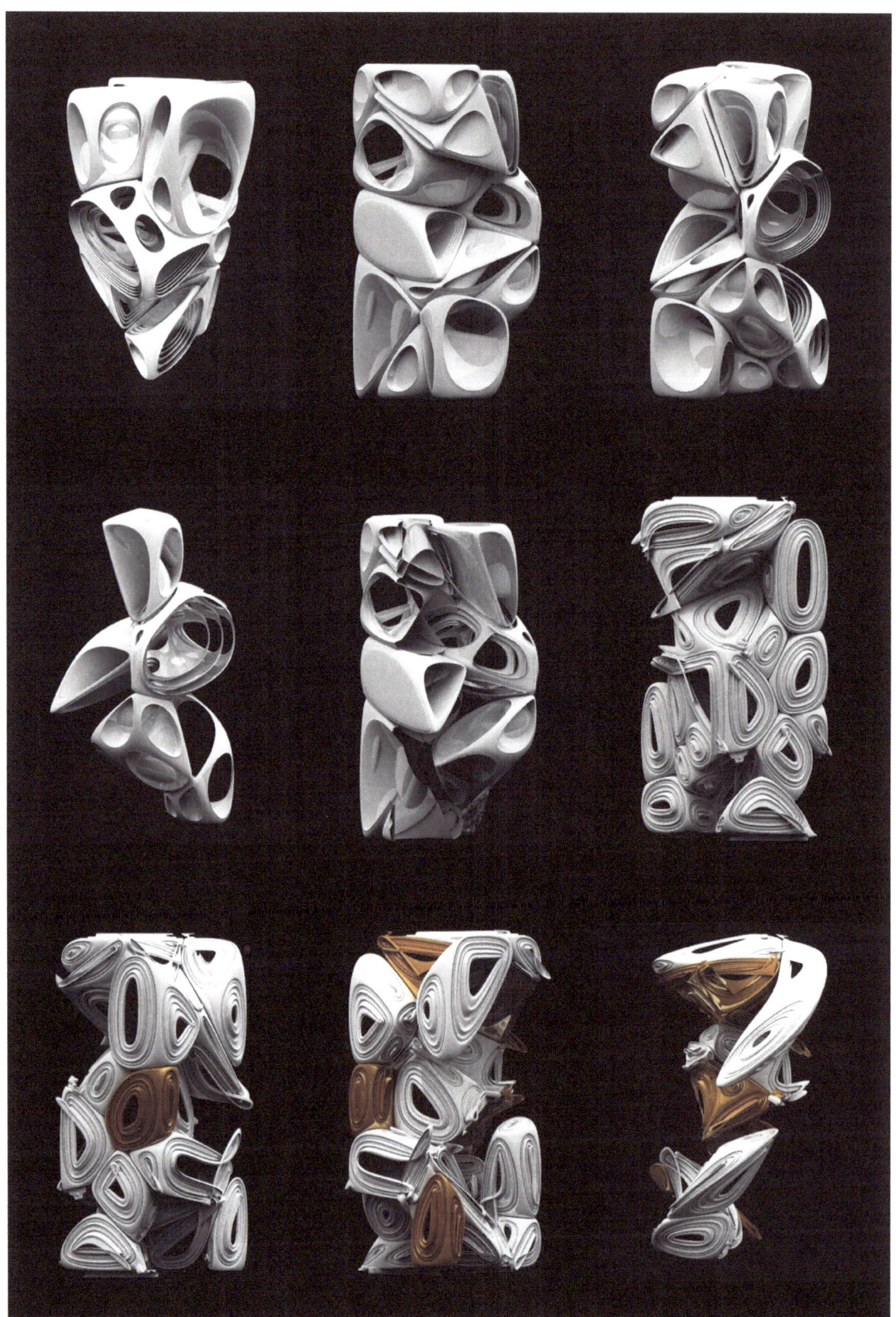

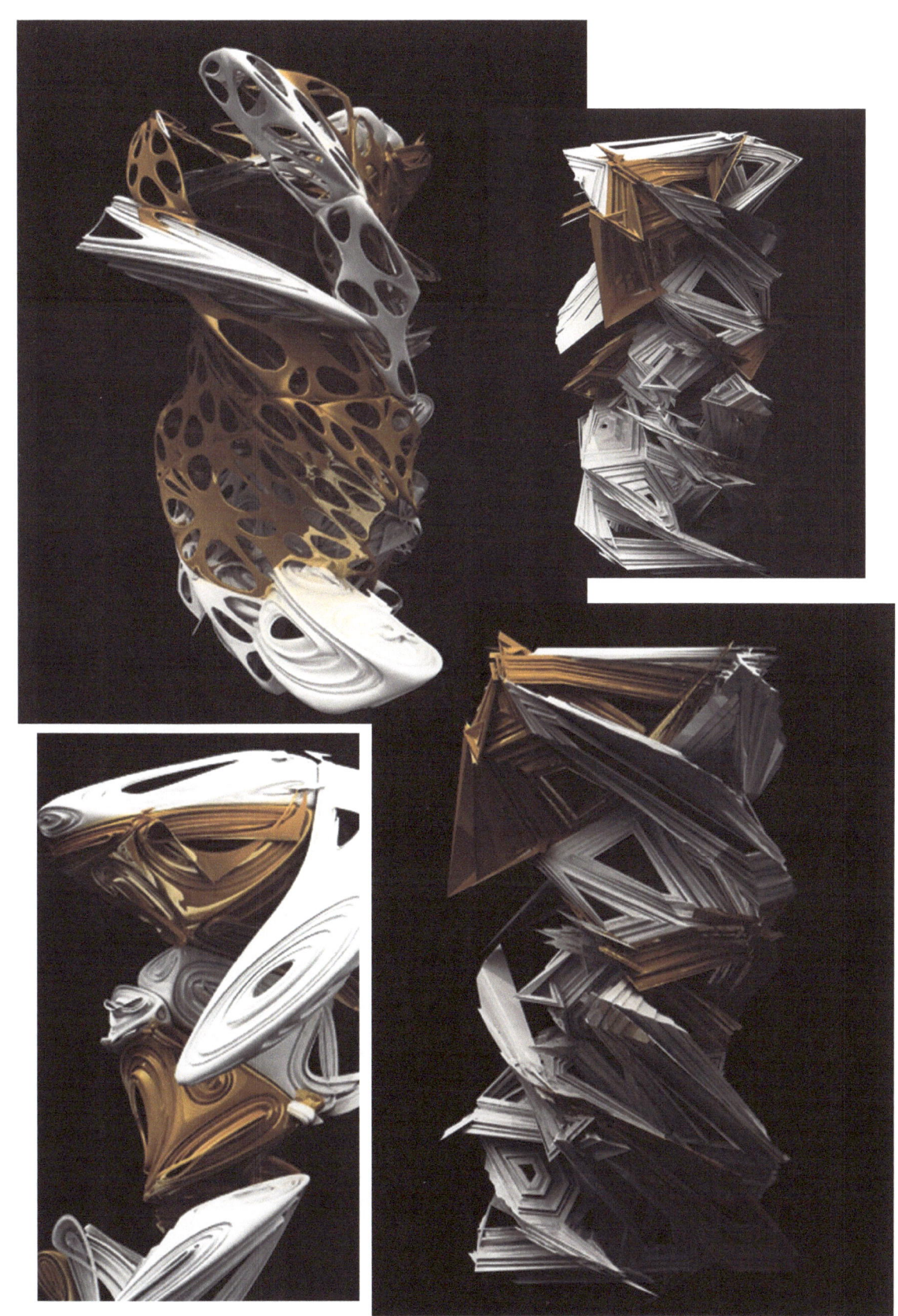

A demonstration of the process of rotating two cubes perpendicular to each other. Which are gradually converted to the curve.

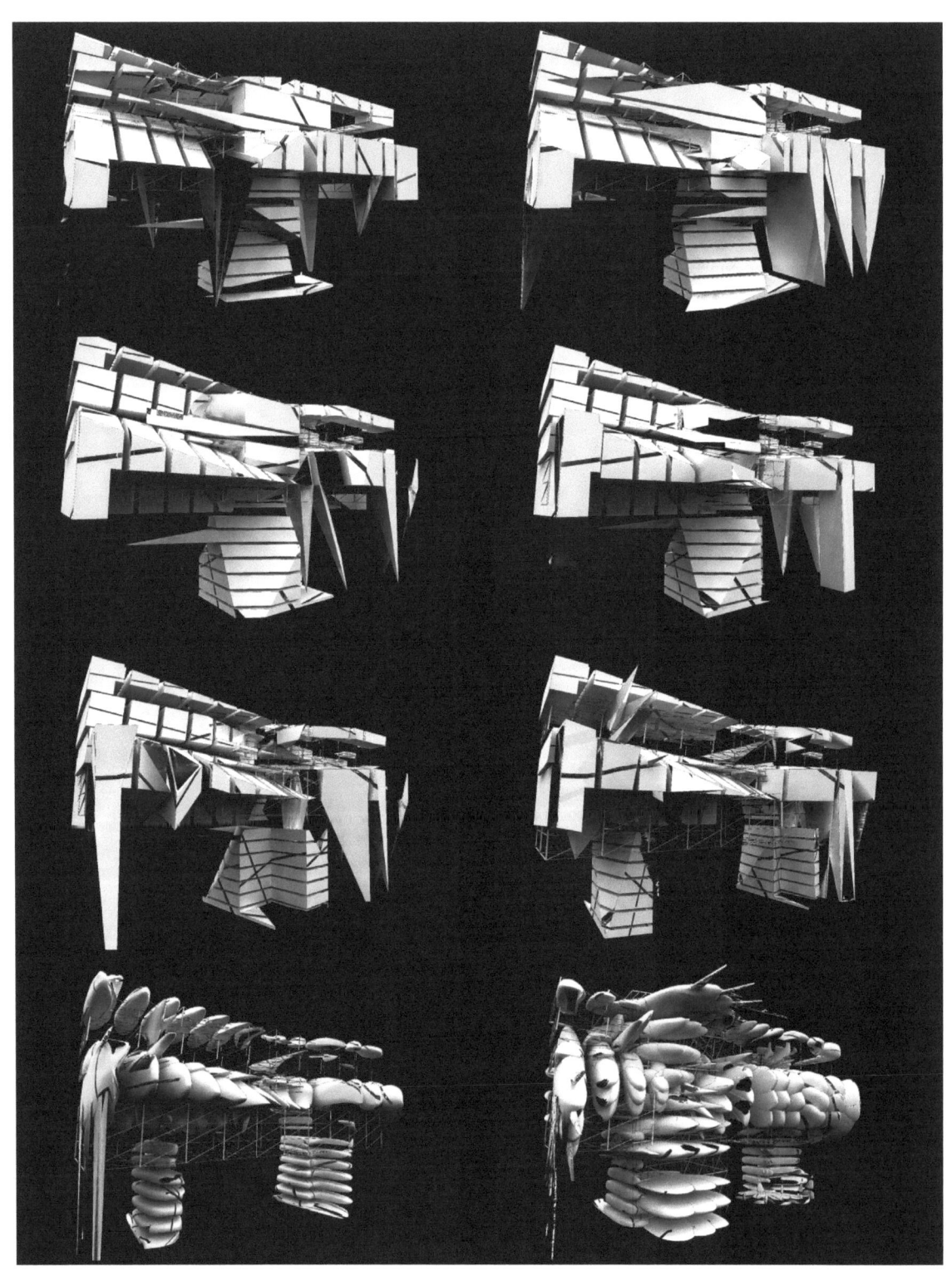

Copy & Rotate

## Books by Ali Khiabanian

### Poetry & Painting

- سایه های می رقصند
- لیلی و مرد باران

- Song & Silence, USA, 2016

### Architecture

- خلاقیت در فرآیند طراحی معماری 1
- خلاقیت در فرآیند طراحی معماری 2
- خلاقیت در فرآیند طراحی معماری 3 (طراحی پارامتریک)
- تاملات ذهن بیدار
- ایده هایی برای طراحی نما

- Conceptual Sketches in Architectural Design, Supreme Century, USA, 2014.
_ The Role of Brain Hemispheres in Architectural Design, Supreme Century, USA, 2015.
– Impact of parametric design on young architects, USA, Supreme Art, 2016.
– Tissues as a board for creative sketches: Ideas for Architecture, Landscape, Pattern & Textile Design, USA, Supreme Century, 2016.

www.ingramcontent.com/pod-product-compliance
Lightning Source LLC
Chambersburg PA
CBHW041517220426
43667CB00002B/22
*9781939123763*